mit Liebe gelingt's

JERME

Impressum

© 2016 rosezwerg verlag

Text, Aufzeichnung der Rezepte, Rezepttexte, Fotografie: **Robert Sprenger**

Rezepte, Überprüfung der Rezepte, Event 8plus8: **Lucas Rosenblatt**

Konzept & Gestaltung: **Stephanie Rosenblatt**

Foto Seite 9 & Seite 262: **Almir Dukic**

Druck: **Druckerei Uhl GmbH & Co KG,**
Robert-Gerwig-Straße 35,
D-78315 Radolfzell - www.druckerei-uhl.de

ISBN: 978-3-03780-587-9

Herausgeber:
rosezwerg verlag,
J. J. Balmer-Strasse 3, CH-4053 Basel
www.rosezwerg.ch

Kritik und Anregungen:
Lucas & Bettina Rosenblatt Giorgioni,
Hauptstrasse 53, CH-6045 Meggen
Tel. 041 310 77 91 - www.lucasrosenblatt.ch

Robert Sprenger,
Unterer Rheinweg 22, CH-4058 Basel,
www.lamiacucina.wordpress.com

Hinweis.

Auf Grund der besseren Lesbarkeit wird in den Texten in diesem Buch der Einfachheit halber nur die männliche Form verwendet. Die weibliche Form ist selbstverständlich immer mit eingeschlossen.

[K]ein Kochbuch

Das Buch, das kein Kochbuch sein will

Lueg Bueb,

Rolf Beeler, entdeckte sein Interesse an den runden Laiben bereits in jungen Jahren. 1976 entschloss er sich, den gelernten Lehrerberuf an den Nagel zu hängen und sich der professionellen Käseaffinage (Käsereifung) zuzuwenden. Seit bald 40 Jahren wirkt der Maître Fromager aus dem Aargau als Vorkämpfer für ausgereiften, qualitativ hochstehenden Schweizer Rohmilchkäse. Der Anfang in einem ehemals planwirtschaftlich regulierten Umfeld war nicht einfach. Doch seine hartnäckige Suche nach herausragenden Käseproduzenten zahlte sich rasch aus. In seinem Sortiment finden sich seit Jahrzehnten die besten Käse der Schweiz und Frankreichs. Die Schweizer Spitzengastronomie schwört auf seine Produkte. Die Medien bezeichnen ihn als «Schweizer Käsepapst». Obwohl er noch jeden Käselaib persönlich auswählt, ist der vielbeschäftigte Rolf Beeler jede Woche auf den Märkten in Aarau, Lenzburg, Wettingen und Luzern anzutreffen.

chasch es Rüebli ha ...

... meinte das Märtfraueli zu mir. Für mich als kleiner Bub sah sie schon ziemlich alt aus, trug ein dunkles Kopftuch, so wie man das als Marktfrau eben in den 60er Jahren so machte. Sie bückte sich etwas schwerfällig und nahm ein grosses Rüebli aus einer Harasse, die bis über den Rand gefüllt war. Das Rüebli war vermutlich am Tag zuvor aus der Erde geholt worden. Mit zwei drei Handbewegungen wischte sie das bitzeli Erde an ihrer Schürze weg und reichte es mir. «S'isch guet für d'Auge, gsehsch au mit 80i no wie nen Adler!»

Dieses Knacken, als ich voller Lust in das orange Rüebli biss und dessen saftiger, leicht süssliche Geschmack habe ich in Erinnerung behalten, als ob es gestern gewesen wäre.

So hat mich also die Faszination des Wochenmarktes schon sehr früh gepackt und packt mich auch 55 Jahre später immer noch. Auf diese Vielfalt von intensiven Farben und Gerüchen der frischen Gemüse, Früchte, Kräuter und Blumen konnte ich nicht mehr verzichten. Auch die Mentalität der geerdeten Marktfahrer gefiel mir: Die Liebe zum Naturprodukt und der Stolz darauf, es produziert zu haben. So durfte ich als Bub während der Schulferien am Markt mithelfen und mir so mein Taschengeld verdienen. Ich musste dann zwar sehr früh aufstehen, aber diese Ruhe vor dem Sturm, dieses konzentrierte Aufbauen des Markstandes, die sorgfältige Präsentation der Produkte, lassen einem die Müdigkeit sofort vergessen.

So wuchs ich heran, machte eine Ausbildung zum Lehrer und landete beim Rohmilchkäse. Und nun habe ich schon 40 Jahre einen eigenen Marktstand, stehe jeden Samstag (von Mitte März bis Weihnachten) immer noch selber mit Freude dahinter. Dieses Geben und Nehmen, die Gespräche mit den Kunden, die lockere, entspannte Kommunikation der Marktbesucher auch untereinander, das alles ist ein Virus, ein unheilbarer Virus.

Lucas Rosenblatt ist ein durch Leidenschaft Besessener, vergiftet mit dem Marktvirus, unersättlich auf der Suche nach wunderbaren, aromatischen, wohl riechenden Produkten. Diese Passion hat ihn schon als jungen Küchenchef gepackt, damals noch im berühmten Raben der legendären Kochbuchautorin Marianne Kaltenbach in Luzern. Seither streift er jeden Samstag über den Wochenmarkt in Luzern und versucht seinen Kochschülern den Virus weiterzugeben.

Mit diesem gluschtigen Buch möchte er auch Ihnen zeigen, was man mit frischen Produkten alles machen kann, mit dem Ziel, dass Sie selber über den Markt schlendern und sich von all diesen wohlriechenden Sachen inspirieren lassen. Eines Tages werden Sie dann die Rezepte nicht mehr brauchen, weil die Produkte vom Markt entscheiden werden, was sie kochen wollen.

Geben auch Sie den Virus weiter an Ihre Kinder und Enkel, zeigen Sie ihnen die bunte, würzige Vielfalt der Lebensmittel. Kommen Sie mal mit ihnen an meinen Käsestand.

Da wird dann sicher der Satz fallen:

«Lueg Chind, chasch en Mocke Chäs ha!»

Inhalts-verze

chnis

Leidenschaftlicher Schüler
passionierter Kochdilettant
Fotograf
Schreiberling
Stammgast
Blogger

Robert Sprenger

Nachdem er als Drogist gelernt hatte, Hustentees zu mischen, studierte er an der ZHAW Winterthur Chemie und arbeitete danach als Laborleiter, später in der Qualitätssicherung eines grossen Basler Pharma-Unternehmens. Dort erlernte er die Fähigkeiten präzise Anleitungen zu schreiben.

Seit 2003 geniesst er seine Pensionierung, in der gutes Essen eine bedeutende Rolle spielt. Seine Küchenanlehre genoss er bei seiner Frau und und in Abendkursen. So führte ihn seine Leidenschaft zu einem Kochkurs bei Lucas. Dieses erste Zusammentreffen war der Auslöser für eine wachsende Kochbegeisterung. Seither ist er in dessen Kochkursen Stammgast und bezeichnet sich selber als passionierten Kochdilettanten.

Mit der Zeit entstand der Wunsch, die gekochten Rezepte in Wort und Bild festzuhalten. 2007 eröffnete er einen Kochblog auf www.lamiacucina.wordpress.com. Inzwischen hat er über 2000 Leser, die seine Kochrezepte, Reiseberichte und Glossen verfolgen.

Von Anfang an mit dabei war Robert beim Treffpunkt auf dem Luzerner Markt am Samstagmorgen. Rasch wurde klar, dass hier etwas Aussergewöhnliches entsteht, ein kreatives, kulinarisches Ereignis, das man nicht einfach abhaken und vergessen darf. Seit 4 Jahren dokumentiert Robert die Einkäufe mit Stimmungsbildern, war in der Küche der Mann mit Notizblock und Schreibstift und immer mit der Kamera dabei, wenn es interessant und gluschtig wurde.

Lucas, unser Reiseführer durch die Jahreszeiten des Luzerner Marktes, ist Initiant und treibende Kraft dieses Buches. Mit seiner Leidenschaft für das Kochen und dem Willen, immer wieder Neues zu entdecken, hat er sich jahrzehntelange Erfahrung in der klassischen und modernen Kochkunst sowie ein immenses Wissen angeeignet.

Seine Lehr- und Wanderjahre führten ihn quer durch die ganze Schweiz. Erste Erfahrungen als Küchenchef sammelte er bei Marianne Kaltenbach im Restaurant Raben. Danach zog es ihn ins Engadin, wo er als Küchenchef im Hotel Albana in Silvaplana 16 GaultMillau-Punkte erkochte. In den 90er Jahren wagte er den Schritt ins Fernsehen. Vor und hinter der Kamera führte er mit der Moderatorin Silvia von Ballmoos durch die Kochsendung «gsund und guet».

Dazu kamen weitere Aufgaben. So wurde er für die Schulung der Köche in den Restaurants der Migros Zürich engagiert, beriet verschiedene Betriebe in der Schweiz und in Argentinien. Daneben entwickelte er im Auftragsverhältnis neue Produkte für verschiedene Auftraggeber und schrieb eine Reihe erfolgreicher Kochbücher.

Endlich konnte er sich den Wunsch nach einem eigenen Restaurant erfüllen. Im Restaurant Waldhaus in Horw fand er seine Herausforderung. Die Routine und Administration eines Restaurantbetriebs war dann aber doch nicht sein Ding. Er wollte kochen.

2002 eröffnete er in Littau die Kochschule «Kirschensturm» mit angeschlossenem Catering, die sich rasch erfolgreich entwickelte. 2007 fand er in der alten Backstube in Meggen sein endgültiges Zuhause. Hier konnte er sich als Alleinkoch richtig entfalten und sein Reich nach seinen Vorstellungen schaffen. Seine wöchentlichen Mittagstische und themenspezifische Kochkurse in der Backstube sind legendär und müssen Monate im Voraus gebucht werden. Sein Schlemmerclub wird schon gar nicht mehr ausgeschrieben, der ist für ewige Zeiten ausgebucht.

Als sich Lucas und Roberts Wege in Littau kreuzten, war das der Beginn einer besonderen Freundschaft, die eine gemeinsame Idee wachsen liess: ein Kochbuch, das mehr als ein Kochbuch sein möchte.

Lucas
Rosenblatt

Leidenschaftlicher Koch
Entdecker neuer Genusswelten
Lehrer
Reiseführer
Geschichtenerzähler
Liebhaber der traditionellen Küche

Zurück zur Natur. Die Höhlenbewohner hatten keine Einkaufszettel, wenn sie auf die Suche nach Nahrung gingen. Sie sind einfach losgezogen und haben gesammelt und gejagt, was ihnen die Natur bot. Einmal dürften es Früchte oder Wurzeln gewesen sein, ein andermal vielleicht ein Fisch oder gar ein erjagtes Wildschwein. Das Mammut wollen wir mal beiseitelassen.

Wir wollen es unseren Vorfahren gleichtun. Wir müssen dabei weder Felder noch Wälder durchstreifen und wir brauchen auch keinen Pfeil mit Bogen. Unser Streifzug geht durch den Markt. Wir wollen Düfte und Farben aufnehmen, dem Marktgeflüster lauschen auf der Suche nach den besten Lebensmitteln. Wir wollen Menschen begegnen, Erfahrungen austauschen und den Einkaufskorb mit Köstlichem füllen. Wir wollen nicht nach Rezept kochen, sondern uns vom Marktangebot inspirieren lassen. Das Produkt soll Lust aufs Kochen machen, nicht ein Rezept.

Frühmorgens schlendern wir mit Lucas über den Luzerner Markt. Einen Einkaufszettel haben wir nicht. Der Markt ist unser Rezeptbuch. Alles im Gleichschritt mit den Jahreszeiten.

Das frische, farbenfrohe Marktangebot und die Begegnung mit Menschen, die ihre Produkte mit Herzblut und Freude anbieten, stimulieren unsere Sinnesorgane. Wir kaufen nach dem Lustprinzip ein. Aus einem Strauss von Ideen entsteht beim Schlendern durch den Markt unser Menü. Bestes und Knackiges vom Salat- und Gemüsestand, Fangfrisches aus dem See, Fleischiges aus der Region, saftige, sonnengereifte Früchte und beste Rohmilchkäse füllen allmählich unsere Einkaufstaschen. Bei Kaffee und frischen Brioches stellen wir die Beute zu einem harmonischen Menü zusammen. Nun wird gerüstet, geschnipselt, gehackt, versucht, gerührt, gewürzt, getrunken und gelacht. Nach einer wohlverdienten Pause trifft sich die Gruppe mit ihren Liebsten und Freunden und tischt ihnen ein einmaliges Marktmenü auf.

So entstehen neue Kreationen: durch Loslassen, Suchen, Neugier und in der Gemeinschaft einer Gruppe beim Diskutieren und Arbeiten.

Die besten Rezepte, die während fast vier Jahren während dem Event 8plus8 entstanden sind, haben wir in dieses Buch aufgenommen. Unser Buch will aber mehr sein als ein Rezeptbuch. Es will anregen, sich von guten Produkten motivieren zu lassen, denn am Anfang stehen gute Produkte und keine fertigen Rezepte. Vertrauen wir dem Gaumen und der Nase!

Ebenso spontan sind die Bilder entstanden, kein Foodstylist zupfte Blättchen zurecht, kein professioneller Fotograf leuchtete die Teller aus. Jeder Teller wurde durch die Gruppe selber angerichtet. Die Tellerwächterin liess Saucentropfen verschwinden. Robert drückte auf den Auslöser. Die Gäste wollen ihr Essen schliesslich noch warm geniessen.

Warum [K]ein Kochbuch

fakt

Am Anfang steht der Einkauf, die kulinarische Brautschau. Die knackigsten, frischesten Lebensmittel findet man auf den Wochenmärkten. Sie sind so etwas wie der Spiegel einer Region. Regionale Märkte sind das Gegenteil eines anonymen Supermarktes. Auf dem Wochenmarkt sind Salate und Kräuter schnittfrisch und aus der Region. Der Verkäufer ist meist auch der Produzent. Die Jahreszeit bestimmt das Menü. Die vermeintliche Einschränkung auf regionale Produkte befeuert die Inspiration.

Wie schön ist es, in aller Frühe über den Wochenmarkt zu streifen, dann haben die Händler noch Zeit für einen kleinen Schwatz. Beim Früchteproduzenten die neu entdeckte Erdbeersorte zu probieren und sich ihre Geschichte erzählen zu lassen. Vom Fischer zu hören, dass die Zeit der Seeforellen bald wieder da ist. Erfreuen wir uns am schönen Angebot, das uns an jedem Markttag erwartet. Entzücken wir uns an den ersten heimischen Spargeln, Bohnen und Aprikosen. Beginnen wir den Tag mit einem guten Einkauf.

07.30 Uhr Luzerner Wochenmarkt. Acht kochbegeisterte Menschen treffen sich mit Lucas Rosenblatt bei der Rathaustreppe zum Besuch des Luzerner Marktes. Sie lassen sich anregen durch das saisonale Angebot frischer und bester Produkte. Der ganze Markt wird abgelaufen auf der Suche nach dem jeweiligen besten Anbieter. Am Marktstand wird verglichen, geprüft, diskutiert und erwogen, was aus dem erwählten Produkt Gutes gekocht werden könnte.

Hat sich die Gruppe auf ein Produkt und für eine Kochidee entschieden, greift Lucas mit sicherem Gespür für die benötigten Mengen in die Kiste. Nach und nach füllen sich auf dem Markt die Einkaufstaschen.

Gute und weniger gute Ware. Im Gespräch mit den Produzenten lernt man das Richtige auszuwählen.

Mit vollen Taschen treffen sich die acht Kochkursteilnehmer in der Backstube von Lucas, einer ehemaligen Bäckerei, die in eine Küche umfunktioniert wurde. Die Frischprodukte werden auf dem Tisch wie an einem kleinen Marktstand hübsch und übersichtlich präsentiert.

Nun lässt man sich bei einem kleinen Frühstück etwas Zeit. Die Gruppe legt fest, wie sie mit den eingekauften Delikatessen umgehen will. Man überdenkt die auf dem Markt diskutierten Kochideen nochmals, wägt ab, verwirft, entwickelt neue Varianten, bringt die einzelnen Gänge in eine vernünftige Reihenfolge, skizziert wichtige Details der Kochvorgänge. Rezepte und Vorgehensweisen werden erörtert. Eine Streichliste erlaubt die Kontrolle, dass alle eingekauften Lebensmittel auch zur Verwendung gelangen.

Die Menüfolge wird ins Reine geschrieben, die Aufgaben werden abgesprochen und verteilt. Das Menü setzt sich in der Regel aus Amuse-Bouche, 4 Gängen, einem Käseteller und dem Dessert zusammen.

Nun kann es losgehen. Alles was vorbereitet werden kann, wird in Angriff genommen, so dass am Abend nur gebraten, erhitzt und fertiggestellt werden muss. Die Vorbereitungsarbeiten dauern bis zum frühen Nachmittag.

Verdienter Abschluss der Vorbereitungen ist ein gemeinsam gekochtes Schnellgericht: ein Risotto oder ein Pastagericht. Nachmittag ist frei um Beine und Seele baumeln lassen.

Der Tisch wird während des freien Nachmittags von Zauberhand gedeckt.

Gegen Abend treffen die Teilnehmer mit ihren Partnern und Freunden in der Backstube ein.

Nach Aperitiv und Begrüssung werden die vorbereiteten Gerichte fertig gekocht und serviert.

Kochen, geniessen und verwöhnen...

Hinweise zu den Rezepten

Die Rezepte sind in der Regel für 4 Personen bestimmt. Es handelt sich um kleine Portionen, wie sie bei einem mehrgängigen Menü üblich sind. Pro Person und Gang wird bei einem mehrgängigen Menü mit etwa 80 g Fleisch, 50 g gerüstetem Gemüse, 20 g Reis oder Getreide und 50 g frische Pasta oder 30 g getrocknete Pasta gerechnet. Wer ein Einzelgericht als Hauptgericht zubereiten möchte, sollte die Mengenangaben verdoppeln. Keine Regel ohne Ausnahme: Oft sind Kleinmengen nicht praktisch oder man kann auf dem Markt nur ganze Einheiten kaufen, z. B. ein Huhn oder einen Fisch.

Die einzelnen Gerichte haben wir jahreszeitgemäss in eine Abfolge gestellt, zumeist so, wie sie an den 8plus8 Events auch zubereitet wurden. Die Rezepte sollen dazu inspirieren, Neues auszuprobieren, ein eigenes Gericht oder ein eigenes Menü zu komponieren. Das muss keineswegs eine ganze Menüfolge sein! Einzelne Gerichte oder Komponenten von Gerichten können ohne weiteres herausgegriffen und in anderer Zusammenstellung zubereitet werden. Auch aus 2 bis 3 Gerichten lässt sich ein gutes Menü zusammenstellen.

Dafür haben wir die Rezepturen in ihre Komponenten (z.B. Fleisch, Sauce, Beilage) unterteilt. Die Komponenten eines Gerichtes sind meist einfach zuzubereiten und können oft vorbereitet werden. Um dem Leser, der keine Küchenbrigade hinter sich stehen hat, die Zubereitung der Gerichte zu erleichtern, haben wir am Ende des jeweiligen Gerichtes das chronologische Vorgehen bei der Vorbereitung und der Fertigstellung summarisch zusammengefasst.

In der Backstube von Lucas werden die Backöfen ziemlich häufig verwendet. Für bestimmte Rezepte sind zwei Öfen gleichzeitig im Einsatz. Wer nur über einen Ofen verfügt, kann je nach Rezept auch die Bratpfanne verwenden.

In unseren Menüs ist der Käse von Rolf Beeler ein wichtiger Begleiter. Chutneys und Brote, die zum Käse serviert wurden, sind unter den Grundrezepten zu finden.

Informationen zu Lebensmitteln, Kochtechniken usw. sind in der Wühlkiste (Glossar) unter «Gut zu wissen» nachzulesen.

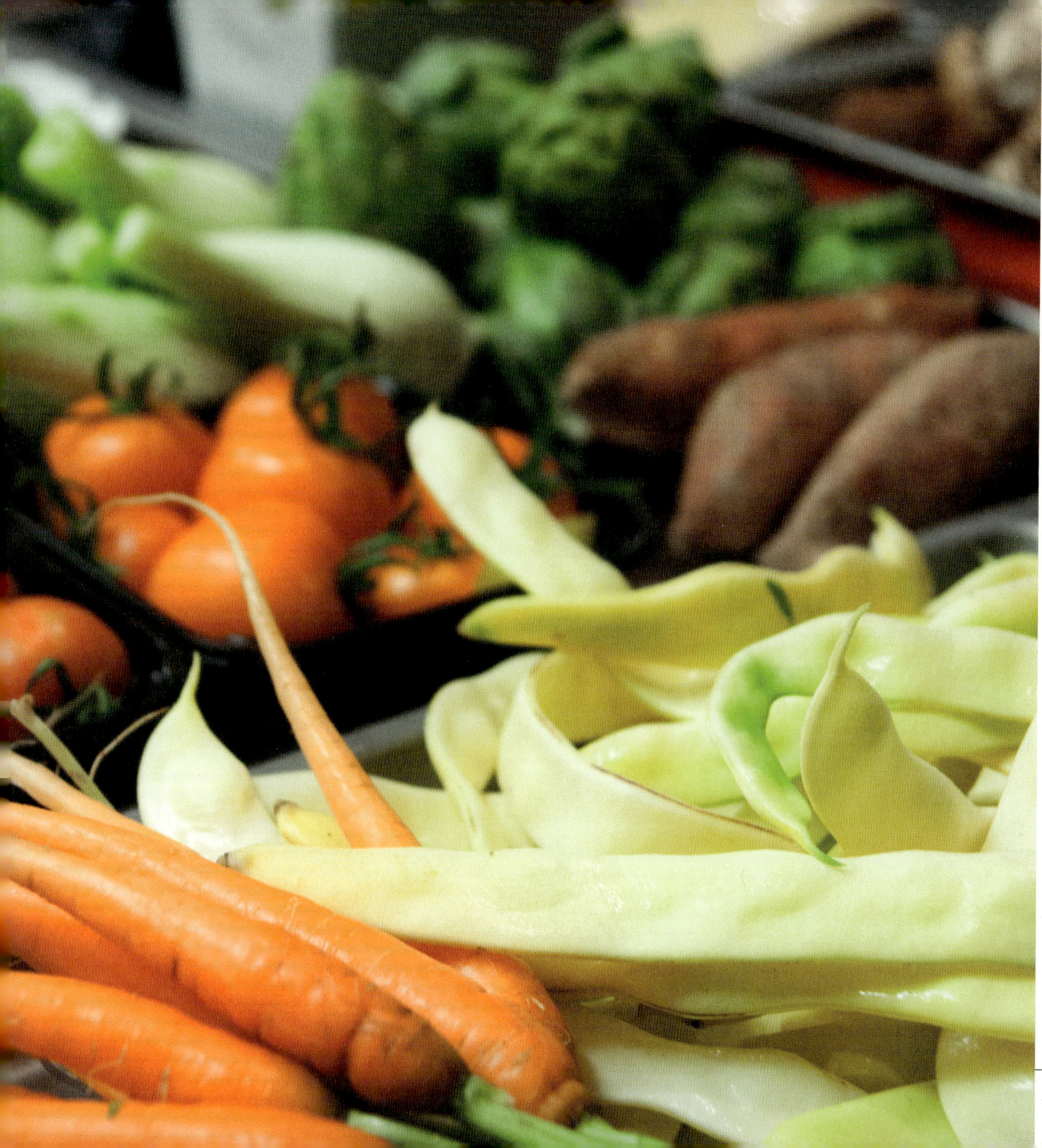

Dem Frühling entgegen

Das Wintergemüse wird langsam schrumpelig. Anfang März erwacht der Luzerner Markt aus dem Winterschlaf.

Sobald die Weidenkätzchen blühen, geht es los. Die Marktstände stehen wieder dicht gedrängt am Ufer der Reuss. Die bunte Palette von Frühlingsblumen wetteifert mit regionalem, knackigem Grün. Das zarte, junge Gemüse sieht verführerisch aus. Löwenzahn und Bärlauch sind im Angebot. Ebenso Hecht, Gitzi und Spargel aus der Adria-Region.

Der kulinarische Frühling kann beginnen...

Der kulinarische Frühling
kann beginnen.

Im Licht der wärmenden Sonne gehen wir durch den Markt, immer auf der Suche nach frischesten, saisonalen Produkten. Am Marktstand wird verglichen, geprüft und diskutiert. Welcher Fisch soll es heute sein? Wie wollen wir ihn zubereiten? Mit welchen Beilagen bereichern?

In der Backstube in Meggen entstehen das endgültige Menü und der Plan für die Zubereitung. Es kommt selten vor, dass etwas fehlt. Und wenn, ist der Supermarkt um die Ecke.

Die Backstube in Grün …
… mit weissen, gelben und orangen Tupfen.

Inspiriert

Amuse-Bouche:
Hechtterrine, Erbsenpüree,
Salsa verde

Bärlauchravioli, Artischocken,
Schaumsauce

Kalbsmilken,
Portwein-Morcheln,
Grünspargel

Wildentenbrust,
Rhabarber

Gitzi-Vielfalt,
Kartoffel-Gemüse-Gröstl

Rhabarbersorbet,
Nespole,
Schwan in gebrannter Creme

vom**Markt**

Hechtterrine

1 halbrunde Terrinenform, 4 cm hoch

150 g Hechtfilet, entgrätet (alternativ: Forellenfilet)

80 ml Rahm

½ Scheibe Toastbrot, ohne Rinde, gewürfelt

1 Handvoll grosse Spinatblätter, zum Auskleiden der Form

weiche Butter, zum Einfetten der Form

2 EL Noilly Prat

ca. 2 EL Rahm, zum Abbinden

Fleur de Sel

weisser Pfeffer aus der Mühle

« Hecht? Grätenalarm? »
Gut zu wissen.

für die Einlage:

3 EL fein geschnittener, grüner Wildspargel
(vom Kalbsmilkengericht zurückbehalten)

5 Dörrtomaten, in Olivenöl eingelegt, fein gehackt

ausserdem zum Garnieren:

essbare Blüten und rohe Erbsen

① Fischfilet in Würfelchen schneiden, mit Rahm und Brotwürfelchen mischen, 15 Minuten in den Tiefkühler stellen. Danach durch den Fleischwolf drehen. 1 Stunde kalt stellen.

② Spinatblätter in einem Sieb mit kochendem Wasser übergiessen, in kaltem Wasser abschrecken. Einzeln aus dem Wasser nehmen und zum Trocknen zwischen Küchentücher legen.

③ Terrinenform mit Butter einfetten, mit den Spinatblättern auskleiden.

④ Wildspargel in kochendem Salzwasser 1 Minute blanchieren, abgiessen, kalt abspülen und auf Küchenpapier trocknen.

⑤ Kalte Fischmasse in den Cutter geben, leicht salzen, mit Noilly Prat und Rahm cuttern, bis die Farce bindet. Mit Pfeffer würzen. Wildspargel und Dörrtomaten unterrühren. Farce in die Form füllen und mit Spinatblättern bedecken.

⑥ Fischterrine im Steamer etwa 8 Minuten bei 85 °C dampfgaren. Erkalten lassen.

Hecht-
terrine
Erbsenpüree
Salsa
verde

für 4 Menüportionen

Schnelle Salsa verde

½ Bund glatte Petersilie

8 Minzeblättchen

½ Bund Barba di Frate (Mönchsbart)

ca. 100 ml Olivenöl

Fleur de Sel

1 Spritzer Agavensirup

1 TL Gelespessa, zum Stabilisieren,
siehe Seite 279

⑦ Mönchsbart putzen, Wurzelenden grosszügig wegschneiden. Abgezupfte Petersilie, Minze und Mönchsbart grob hacken. In einem leistungsfähigen Mixer mit dem Olivenöl zu einer homogenen Creme mixen. Mit Fleur de Sel und Agavensirup würzen, Gelespessa untermixen.

Erbsenpüree

200 g frische grüne Erbsen

ca. 3 EL Rahm

Fleur de Sel

weisser Pfeffer aus der Mühle

⑧ Erbsen in kochendem Salzwasser 3–5 Minuten kochen, bis sie weich sind. Abgiessen. Erbsen und Rahm mit dem Stabmixer zu einer feinen Creme mixen. Würzen mit Fleur de Sel und Pfeffer.

Vorbereiten

①–⑦.

Fertigstellen

⑧: Erkaltete Terrine aufschneiden und auf einem Kreis Salsa verde neben dem Erbsenpüree anrichten.

Bärlauchravioli
Artischocken
Schaumsauce

für 4 Menüportionen

Bärlauchravioli

Ravioliteig

110 g Weissmehl

110 g Hartweizendunst

2 g Salz

5 Eigelb (wenig Eiweiss zum Bestreichen reservieren)

1 Ei, aufgeschlagen

Füllung

1 EL Butter

1 grosse Handvoll Bärlauch, grob gehackt

2 Eigelb

250 g Brösel-Topfen (bröseliger, 1–2 Tage abgehangener Magerquark)

120 g Parmesan, frisch gerieben

20 - 40 g Paniermehl, aus weissem Toastbrot

30 g Hartweizendunst (semola rimacinata)

Fleur de Sel

schwarzer Pfeffer aus der Mühle

ausserdem:

wenig Olivenöl

bunte Pfeffermischung, Rezept Seite 273

Salbeiblätter, zum Garnieren

① Zutaten für den Ravioliteig zu einem festen, elastischen Teig verkneten. Zubereitung wie: Pastateig für Ravioli, Seite 275. Teig in Folie einwickeln und 1 Stunde ruhen lassen.

② Für die Füllung Butter in einer Saucenpfanne zerlassen, Bärlauchblätter darin zusammenfallen lassen. Mit den Eigelben pürieren. Danach mit den restlichen Zutaten cuttern.

③ Etwa 50 g Teig in der Nudelwalze hauchdünn auf Walzenbreite ausrollen. Teigband quer halbieren. Die untere Hälfte mit wenig Eiweiss einpinseln. Mit einem runden, 3–4 cm grossen Ausstecher in Blütenform Markierungen anbringen. Je 1 TL Füllung auf jeder Markierung verteilen. Die zweite Bandhälfte darauflegen und rund um die Füllung andrücken. Ravioli ausstechen. Eingeschlossene Luft zwischen den Handflächen vorsichtig hinausdrücken. Ravioli zu einer Blüte zusammenkneifen. Ravioli auf ein mit Hartweizendunst bestreutes Blech legen, um das Ankleben zu verhindern.

④ Ravioli im knapp siedenden Salzwasser 2 bis 3 Minuten garen, mit Drahtkelle herausnehmen. In einer weiten Pfanne wenig Pastakochwasser mit Olivenöl und Pfeffer mischen, Ravioli darin wenden.

Artischocken, sous-vide

1 mittelgrosse Artischocken
(carciofi spinosi)

2–3 EL Zitronensaft

2 EL Zitronenöl
(Olivenöl mit Zitronen aromatisiert)

1 TL Kräutersalz

schwarzer Tellicherry-Pfeffer aus der Mühle

Olivenöl

2 EL glatte Petersilie, gehackt

⑤ Artischocken rüsten, siehe Seite 267.
In Viertel, danach in feine Spalten schneiden.
Mit Zitronensaft und Zitronenöl beträufeln,
mit Kräutersalz und Pfeffer leicht würzen.
In Vakuumbeutel legen und vakuumieren.
45 Minuten bei 85 °C sous-vide garen.

⑥ Artischocken entnehmen, in Olivenöl
braten, mit Fond aus dem Vakuumbeutel abrunden. Petersilie untermischen.
Abschmecken Abschmecken mit Kräutersalz und Pfeffer.

Schaumsauce für Ravioli

ca. 200 ml Geflügelfond, Rezept Seite 270

4 Dörrtomaten, in Olivenöl eingelegt

1 Prise Safranpulver

Kräutersalz

bunte Pfeffermischung, Rezept Seite 273

1 Ei, aufgeschlagen

⑦ Geflügelfond mit den eingelegten
Tomaten stark einkochen, mixen, mit
Safran, Kräutersalz und Pfeffer würzen.

⑧ Vor dem Anrichten leicht aufwärmen und das Ei untermixen.

Vorbereiten
①-③, ⑤, ⑦.

Fertigstellen
⑥, ⑧, ④: Gebratene Artischocken in
die Teller verteilen, Ravioli auflegen und
mit Schaumsauce umgiessen.

Kalbsmilken
Portwein-Morcheln
Grünsparge

Kalbsmilken

für 4 Menüportionen

1–2 Herz-Kalbsmilken, 250 g

1 l Kalbsfond, Rezept Seite 271

1 Rosmarinzweig

1 Lorbeerblatt

½ TL bunte Pfeffermischung,
Rezept Seite 273

Gewürzsalz für helles Fleisch,
Rezept Seite 273

Mehl, zum Bestäuben

Je ½ EL Olivenöl und Butter, zum Anbraten

4 Thymianzweige

ausserdem zum Garnieren:

Karottenkrautspitzen

① Kalbsfond mit Rosmarin, Lorbeerblatt und Pfeffer auf 80 °C erhitzen. Kalbsmilken zugeben und 20–30 Minuten bei 80 °C ziehen lassen. Herausnehmen und mit Küchenpapier trocken tupfen.

② Kalbsmilken in Scheiben schneiden, mit Gewürzsalz würzen und mit Mehl bestäuben. In der Olivenöl-Butter-Mischung mit den Thymianzweigen beidseitig kurz braten.

Spargel-Morchel-Gemüse

500 g feiner Grünspargel,
aus der Adria-Region

250 g frische Morcheln

150 ml Geflügelfond, Rezept Seite 270

100 ml weisser Portwein

Fleur de Sel

③ Zähe Enden der Grünspargel abbrechen. Von den Stangenenden etwa 3 EL feine Scheiben für die Hechtterrine abschneiden und beiseitestellen. Grünspargelstangen im kochenden Salzwasser 3–5 Minuten blanchieren.

④ Morcheln längs halbieren und putzen. In kochendes Salzwasser geben, umrühren, mit der Drahtkelle sofort wieder herausnehmen und gut abtropfen lassen.

⑤ Portwein und Geflügelfond portionsweise stark einkochen lassen. Morcheln zugeben und im Fond fertig garen. Spargel zugeben und darin aufwärmen. Würzen mit Fleur de Sel.

Vorbereiten
①, ③, ④.

Fertigstellen
⑤, ②: Spargel-Morchel-Gemüse auf die Teller anrichten und die Kalbsmilken auflegen.

Wildentenbrust
Rhabarber

für 4 Menüportionen

Die Entfernung der Federkiele.
Etwas für zarte Männerhände.

Wildentenbrust

2 Wildentenbrüste

1 EL Orangenöl
(Olivenöl mit Orangen aromatisiert)

1 Bio-Orange, davon 3–4 Schalenabriebe

2 Salbeiblätter, gehackt

½ TL Raz-el-Hanout

Olivenöl, zum Braten

Fleur de Sel

ausserdem zum Garnieren:

Gartenkresse oder Kräuter

① Entenbrüste sauber parieren, mit der Pinzette die spürbaren Federkielstoppeln herausziehen. Brüstchen mit Orangenöl, Orangenschale, Salbei und Raz-el-Hanout einreiben. 3 Stunden marinieren.

② Brüstchen in wenig Olivenöl braten. Mit Fleur de Sel salzen.

« Wann Meersalz, wann Fleur de Sel? »
Gut zu wissen.

Rhabarber, orientalisch

ca. 5 Rhabarberstängel

ca. 20 g Zucker

½ EL Korianderkörner

5 grüne Kardamomkörner

½ TL Samenkapseln grüner Szechuanpfeffer

1 cm Ingwer, geschält, fein gewürfelt

100 ml Süsswein

2 Tomaten

1 TL Agavensirup

schwarze Pfeffermischung, Rezept Seite 273

Meersalz

③ Rhabarber beidseitig kappen, Haut abziehen. 8 schöne, 4–5 cm lange Stücke schneiden, in eine Schale legen. Restlichen Rhabarber grob würfeln, wiegen. Zucker, entsprechend 10 % des Rhabarbergewichts, zugeben und mischen. 30 Minuten Saft ziehen lassen.

④ Gewürze mit Süsswein aufkochen, Rhabarberwürfel, Schalen und Abschnitte mit dem gezogenen Saft zugeben und weichkochen. Jus absieben.

⑤ Die schönen Rhabarberstücke mit dem Jus übergiessen, danach 8 Minuten bei 150 °C im Dampfgarer garen. Rhabarberjus abgiessen und auffangen. Rhabarberstücke beiseite legen.

⑥ Tomaten in Viertel schneiden und in einem Topf köcheln lassen, bis sie zerfallen. Ohne Druck durch ein Sieb abgiessen, Saft auffangen, Rhabarberjus zugeben und stark einkochen. Mit Agavensirup, Pfeffer und Meersalz abschmecken.

⑦ Rhabarberstücke im Tomaten-Rhabarber-Jus aufwärmen.

Vorbereiten
①, ③–⑥.

Fertigstellen
②, ⑦: Je 2 Rhabarberstücke in tiefe Teller legen, etwas Tomaten-Rhabarber-Jus angiessen und die aufgeschnittenen Entenbrustscheiben darauf legen.

Gitzi-Vielfalt
Kartoffel-Gemüse-Gröstl

für 4 Menüportionen

« **Die Ziege ist nicht nur eine Geiss** »

Gut zu wissen.

Gitziwürfel

1 Gitzihälfte oder 2 Gitzischultern

2 Thymianzweige, Blätter abgezupft und gehackt

1 kleiner Rosmarinzweig, Nadeln abgestreift und gehackt

½ TL bunte Pfeffermischung, Rezept Seite 273

2–3 EL Olivenöl

Gewürzsalz für helles Fleisch, Rezept Seite 273

2 Bundzwiebeln, klein geschnitten

3 junge Knoblauchzehen, geschält

2 Ramiro-Peperoni, geschält, entkernt, in Streifen

ca. 1 l Gitzifond

① Gitzihälfte zerlegen, Fleisch sauber parieren und in Würfel schneiden. Knochen und Parüren für den Gitzi-Fond verwenden. Thymian, Rosmarin und Pfeffer mit wenig Olivenöl im Mörser verreiben, Fleischwürfel mit der Marinade einreiben. 3 Stunden marinieren.

② Ofen auf 140 °C Unter-/Oberhitze vorheizen. Fleischwürfel portionsweise in Olivenöl anbraten, mit Gewürzsalz salzen. In den Bräter geben. Bundzwiebeln, Knoblauch und Peperoni in der Fleischpfanne andünsten, in den Bräter geben. Mit reichlich Gitzifond bedecken. Aufkochen und in den Ofen stellen. Gitzi im vorgeheizten Ofen 60–90 Minuten offen schmoren lassen, bis die Sauce stark eingekocht (reduziert) und das Fleisch weich ist. Fleisch aus der Sauce nehmen. Sauce durch ein Sieb passieren, in einer weiten Pfanne zur Glace (Gitzijus) einkochen lassen.

③ Gitzifleisch im Gitzijus aufwärmen.

Gitzifond/Pot au feu

Gitziknochen und Parüren, grob gehackt

Mirepoix: 1 Karotte, 1 Scheibe Knollensellerie, 1 Zwiebel, 1 mittelgrosser Lauch

2 Tomaten

1 TL schwarze Pfefferkörner, zerdrückt

2 Lorbeerblätter

100 ml Weisswein

2 l Gemüsefond oder Wasser

zum Klären des Gitzifonds:

2 Sprosse Stangensellerie

1 kleiner Fenchel

1 Lauch

2 Tomaten

4 Eiweiss

« **Brunoise, schlank tailliert** »

Gut zu wissen.

Für die Suppeneinlage:

1 kleiner Kohlrabi

1 gelbe Karotte

10 cm Lauch, grüner Teil

ca. 100 g Gitzifleisch von Knochen

« **Mirepoix, die Gemüsewürfel des Grafen** »

Gut zu wissen.

④ Für den Fond Gitziknochen und Parüren in kochendem Salzwasser einmal aufkochen, abgiessen und kalt abspülen. Gemüse für den Mirepoix soweit erforderlich schälen und zerkleinern, mit Tomaten, Pfeffer, Lorbeer und Weisswein in einen grossen Topf geben, Gitziknochen und Parüren zugeben, mit Gemüsefond auffüllen, aufkochen und 3 Stunden schwach köcheln. Ab und zu abschäumen. Danach vorsichtig und ohne Druck durch ein Sieb giessen. Erkalten lassen.

⑤ Fleisch von Knochen und Brustteilen ablösen, in Würfelchen schneiden und für die Suppeneinlage verwenden.

⑥ Gemüse zum Klären des Fond durch den Fleischwolf mit grober Lochscheibe drehen, mit dem Eiweiss in einem Suppentopf mischen, kalten Fond darübergiessen. Fond unter stetem Rühren langsam erhitzen, bis das Eiweiss an der Oberfläche schwimmt und der Fond zu kochen beginnt. Topf von der Wärmequelle nehmen. 30 Minuten stehen lassen. Feste Teile vorsichtig abschöpfen und den Fond durch ein Passiertuch giessen.

⑦ Für die Einlage das Gemüse schälen und in Brunoise schneiden.

⑧ Brunoise in wenig Gitzifond weichdünsten. Gekochte Fleischwürfelchen darin aufwärmen.

Gemüsegröstl

12 junge, kleine Kartoffeln

2 EL Olivenöl

2 Thymianzweige, Blättchen abgezupft

½ junge Knoblauchknolle,
Zehen vereinzelt

Fleur de Sel

200 g ausgelöste grüne Erbsen

300 g Spinat

⑨ Ofen auf 220 °C Unter-/Oberhitze vorheizen. Backblech mit einer Backfolie auslegen. Kartoffeln halbieren, mit Olivenöl und Thymianblättchen mischen. Kartoffeln und Knoblauchzehen auf dem Blech verteilen. Im vorgeheizten Ofen 20–30 Minuten backen. Mit Fleur de Sel salzen.

⑩ Erbsen im kochenden Salzwasser blanchieren, mit einer Drahtkelle herausnehmen. Spinat in ein Sieb geben und mit dem heissen Blanchierwasser übergiessen. Spinat abtropfen lassen und etwas ausdrücken.

⑪ Kartoffeln, Erbsen und Spinat im heissen Wok zum Gröstl mischen.

Vorbereiten
①, ④, ②, ⑥, ⑤, ⑦.

Fertigstellen
⑨, ⑩, ⑪, ③: Auf die Teller anrichten, mit einer gebackenen Knoblauchzehe garnieren.
⑧: Brunoise und Fleischwürfel in kleine Tässchen geben und mit geklärtem, heissen Gitzifond anrichten.

Rhabarbersorbet

600 g Rhabarber

200 g Zucker

ca. 150 ml Süsswein oder Gewürztraminer

1 TL Gelespessa

① Rhabarber beidseitig kappen, Haut abziehen, Stangen in Würfelchen schneiden. 150 g Zucker zugeben und mischen. Abschnitte und Häute separat mit 50 g Zucker mischen und beides 30 Minuten Saft ziehen lassen.

② Abschnitte und Häute aufkochen, durch ein Sieb über die Rhabarberwürfel giessen. Süsswein zugeben. Etwa 30 Minuten köcheln. Mit Gelespessa mixen. Mit einem Schuss Süsswein abschmecken. Kalt stellen.

③ Masse in der Eismaschine zu Sorbet gefrieren lassen.

《 Gelespessa, Zaubermittel
aus der Molekularküche **》**

Gut zu wissen.

Nespolekompott

10 Nespole

75 g Zucker

150 ml Gewürztraminer

1 Vanilleschote ohne Mark (Mark anderweitig verwenden)

④ Nespole schälen und halbieren, Kerne und Kernhäute entfernen und zu kleinen Würfeln schneiden. Zucker, Gewürztraminer und Vanilleschote aufkochen, Nespole darin weichgaren, mit der Drahtkelle herausnehmen. Fond zu Sirup einkochen und die gewürfelten Nespole damit überziehen (glacieren).

Rhabarber sorbet Nespole Schwan in gebrannter Creme

für 8 Menüportionen

« Nespole, so vertraut
und dennoch fremd »
Gut zu wissen.

Gebrannte Creme

230 g Zucker

½ l warme Milch

4 Eigelb

30 g Vanillecremepulver oder Maizena

100 ml Milch

100 g Schlagrahm

⑤ 150 g Zucker in einem Topf karamellisieren, mit der warmen Milch ablöschen und aufkochen. Topf von der Wärmequelle nehmen, zugedeckt etwa 10 Minuten stehen lassen, bis sich der Karamell aufgelöst hat.

⑥ Restliche 80 g Zucker, Eigelbe, Vanillecremepulver und Milch in einer Schüssel verrühren, heisse Karamellmilch unterrühren. Creme zurück in den Topf giessen (angleichen) und unter Rühren auf kleiner Stufe pochieren, bis die Creme bindet. Sofort durch ein Sieb in eine kalte Schüssel passieren, mit einer Klarsichtfolie verschliessen, abkühlen lassen. Im Kühlschrank gut durchkühlen.

⑦ Karamellcreme mit steif geschlagenem Rahm verfeinern.

Vorbereiten
①, ②, ④, ⑤–⑥, ⑧–⑪.

Fertigstellen
③, ⑦, ⑫: Gebrannte Creme in Schälchen geben, den montierten Schwan daraufsetzen. Nespolekompott in ein zweites Schälchen geben und eine Kugel Rhabarbersorbet darauflegen.

Brandteig-Schwäne
Teigmenge reicht für etwa 16 Schwäne

Brandteig

150 ml Milch

1 Prise Salz

1 EL Zucker

1 TL Bio-Zitronenschale, fein abgerieben

60 g Butter

100 g Weissmehl

2 Eier, aufgeschlagen (100 g)

100 g Schlagrahm

ausserdem:

Puderzucker, zum Bestreuen der Schwäne

⑧ Milch, Salz, Zucker, Zitronenschale und Butter in einer Sauteuse aufkochen. Mehl im Sturz zugeben, mit einem Holzlöffel rühren, bis sich die Masse vom Pfannenboden löst und sich am Boden ein feiner Belag bildet. Von der Wärmequelle ziehen und 5 Minuten auskühlen lassen. Eier einzeln einarbeiten, bis der Teig glänzt und geschmeidig ist.

⑨ Backofen auf 200 °C Unter-/Oberhitze vorheizen. Zwei Backbleche mit Backpapier auslegen. Einen kleinen Teil des Brandteigs in einen Spritzbeutel mit kleiner Lochtülle füllen. S-förmige Schwanenhälse auf das Backpapier spritzen. Den Rest des Brandteiges in einen Spritzbeutel mit grosser Sterntülle füllen. Damit grosse, tropfenförmige Profiteroles spritzen.

⑩ Beide Bleche in den vorgeheizten Ofen schieben und die Teilchen ca. 7 bzw. 10 Minuten backen. Auskühlen lassen.

⑪ Für die Flügel den oberen Teil der Profiteroles abschneiden und halbieren. Der untere Teil dient als Schwankörper.

⑫ Steif geschlagenen Rahm in einen Spritzbeutel füllen. Auf den Schwankörper spritzen, die beiden Flügel seitlich andrücken, zuletzt den Hals aufsetzen.

Der Frühling führt uns in Versuchung

Während der Winter eine karge Jahreszeit für regionale und saisonale Gemüse-Geniesser ist, bietet das zunehmende Angebot im Frühjahr umso mehr Gaumenfreuden. Die Angebotsvielfalt ist nun wesentlich grösser als bei Fleisch und Fisch. Von Ende April bis Mitte Juni hat die Königin aller Gemüsesorten, der Spargel, seine Saison. Spinat wird ab April im einheimischen Freiland angebaut. Im Mai und Juni folgt dann der Grossteil der typischen Frühlingsgemüsesorten. Karotten, Kohlrabi, Mangold, Spinat, Spitzkohl, Weisskohl, Wirsing, Radieschen, Blumenkohl, grüne Bohnen, Erbsen, Gemüsezwiebeln, Frühkartoffeln sowie viele Blattsalate. Gartenkräuter wie Petersilie, Schnittlauch oder Basilikum bereichern wieder die heimische Küche.

Inspiriert

1

2

3

vom **Markt**

5

4

6

Zweierlei Gitzileber

für 6 Menüportionen

Gitzileber

1 Gitzileber, ca. 500 g

1 Rosmarinzweig, Nadeln abgestreift und fein gehackt

1 TL Gewürzsalz für helles Fleisch, Rezept Seite 273

1 EL Olivenöl, zum Anbraten

4 Salbeiblätter

Fleur de Sel

schwarzer Pfeffer aus der Mühle

1 EL Butter

1 EL Aceto Balsamico Tradizionale

ausserdem zum Garnieren:

glatte Petersilie

(1) Aus den Leberlappen zwei schöne Stücke schneiden, mit Rosmarin und Gewürzsalz bestreuen, in Vakuumbeutel legen und vakuumieren. Leberabschnitte in kleine Würfel schneiden.

« Entspannt kochen:
Sous-vide, Vakuumgaren, die moderne, »
genaue Garmethode
Gut zu wissen.

Gitzileber, sous vide

(2) Vakuumierte Leber 35 Minuten bei 57 °C sous-vide garen. Aus dem Beutel nehmen und mit einem Küchenpapier trocknen.

(3) Olivenöl mit den Salbeiblättern erhitzen, Leber darin beidseitig kurz braten, aufschneiden. Mit Fleur de Sel und Pfeffer würzen.

Vorbereiten
(1), (2).

Fertigstellen
(3), (4): Gebratene Leberscheiben auf den Leberwürfeln anrichten.

Gitzileberwürfel, gebraten

(4) Gewürfelte Leberabschnitte in der Butter braten, mit Aceto Balsamico ablöschen. Mit Fleur de Sel und Pfeffer abschmecken.

Der Frühling führt uns in Versuchung

Seeforelle
Balchen
Artischocken
Löwenzahnsalat
für 4 Menüportionen

Seeforelle, gebraten

240 g Seeforellenfilet

1 Bio-Zitrone, davon 2–3 Schalenabriebe und 1 EL Saft

weisser Pfeffer aus der Mühle

8 Korianderkörner, zerstossen

6–8 Estragonblättchen, gehackt

Butter, zum Anbraten

Fleur de Sel

① Seeforellenfilet in 3 cm breite Streifen schneiden. Mit Zitronenschale und -saft, Pfeffer, Koriander und Estragon mischen, mindestens 1 Stunde zugedeckt kalt stellen.

② Forellenstreifen in heisser Butter auf der Hautseite braten, sobald der Rand hell wird, Fischstreifen wenden. Pfanne von der Wärmequelle nehmen, zugedeckt kurz nachgaren. Mit Fleur de Sel und Pfeffer abschmecken.

« Seeforelle, der grosse Bruder der Bachforelle. »
Gut zu wissen.

Balchen-Ceviche

240 g Balchenfilet, enthäutet

1–2 Limetten, Saft

1 Chilischote, enthäutet, entkernt, fein gewürfelt

2 TL Fleur de Sel

1 Bundzwiebel, weisser und grüner Teil

1 mittelgrosse rote Zwiebel, geschält

8 Korianderzweige, Blättchen abgezupft

200 g Tomaten

1 Limette, Saft zum Abschmecken

③ Balchenfilets in Würfelchen schneiden. Limettensaft, Chili und Fleur de Sel in einer Schüssel verrühren. Fischwürfel mit dieser Marinade mischen. Im Kühlschrank 3 Stunden zugedeckt marinieren. In einem Sieb leicht ausdrücken.

④ Bundzwiebel, rote Zwiebel und Koriander klein schneiden. Tomaten schälen, siehe Seite 267. Tomaten in Viertel schneiden, Kerne und Gelee entfernen, dann in kleine Würfel schneiden.

⑤ Alles unter die Fischwürfelchen mischen. Mit Limettensaft abrunden. Eventuell nachsalzen.

Carciofi spinosi.
« *Liebhaber wissen, warum sie sich von den* »
Dornen nicht abschrecken lassen
Gut zu wissen.

Löwenzahnsalat

1 Handvoll junge, zarte Löwenzahnblätter

Himbeer-Vinaigrette, Rezept Seite 272

⑦ Löwenzahn waschen und trocken schleudern.

⑧ Unmittelbar vor dem Anrichten mit der Vinaigrette überträufeln.

Artischocken, roh, mariniert

4 kleine violette Artischocken

1–2 EL Zitronensaft

1 EL Zitronenöl
(Olivenöl mit Zitronen aromatisiert)

1 Prise Kräutersalz

schwarzer Pfeffer aus der Mühle

⑥ Artischocken rüsten, siehe Seite 267. In Viertel schneiden. Auf der Aufschnittmaschine in feine Scheibchen schneiden. Schnittflächen sofort mit Zitronensaft einreiben, damit sie nicht anlaufen. Mit Zitronenöl, Kräutersalz und Pfeffer mindestens 1 Stunde marinieren.

Vorbereiten
③, ①, ⑥, ④, ⑦.

Fertigstellen
⑤, ②, ⑧: Forellenstreifen auf den marinierten Artischocken anrichten. Balchen-Ceviche und Löwenzahnsalat dazulegen.

Brennesselsuppe
Hechtklösschen

für 4 Menüportionen

Brennesselsuppe

4 EL Geflügelfond, Rezept Seite 270

80 g junge Brennnesselspitzen

1 Handvoll Spinat

Olivenöl

30 g Knollensellerie, gewürfelt

3 cm Lauch, gewürfelt

2 Bundzwiebeln, weisser Teil, klein geschnitten

1 Stück Schale einer Fenchelknolle, gewürfelt

1 EL Rundkornreis Carnaroli

½ l Geflügelfond, Rezept Seite 270

150 ml Rahm

½ EL Kräutersalz

weisser Pfeffer aus der Mühle

ausserdem zum Garnieren:

Kerbel

① Brennnesselspitzen und Spinat mit 4 EL Geflügelfond erhitzen und zusammenfallen lassen, in ein Sieb geben, über einer Schüssel ausdrücken und den Saft auffangen.

② Gemüsewürfel und Reis in wenig Olivenöl andünsten, mit Geflügelfond und Brennnesselsaft angiessen, 30 Minuten köcheln.

③ Vor dem Anrichten Brennnesseln und Spinat zur Suppe geben, mit dem Stabmixer fein mixen. Durch ein feines Sieb streichen. Suppe mit Rahm verfeinern, aufkochen, mit Kräutersalz und Pfeffer würzen. Mit dem Stabmixer aufschäumen.

《 *Brennnesseln schmecken harmonischer als Spinat* **》**
Gut zu wissen.

《 *Piment d'Espelette, milder als Cayenne, schärfer als ungarischer Paprika* **》**
Gut zu wissen.

Hechtklösschen

130 g Hechtfilet, entgrätet, klein gewürfelt (Abschnitte als Einlage verwenden)

10 g Weissbrotwürfel, ohne Rinde

60 ml Rahm

10 g Eiweiss

1 TL Gewürzsalz für Fisch, Rezept Seite 273

1 Prise Piment d'Espelette

2 TL Zitronensaft

½ l Fischfond, zum Pochieren, Rezept Seite 269

50 ml Weisswein

Meersalz

④ 100 g Hechtwürfel, Brotwürfel, Rahm und Eiweiss mischen. Mindestens 1 Stunde kühlen. Kalte Masse mit Gewürzsalz, Piment d'Espelette und Zitronensaft würzen und im Cutter zu einer feinen Farce cuttern.

⑤ Fischfond mit Weisswein in einer Pfanne aufkochen. Mit Meersalz würzen.

⑥ Von der Fischmasse mit 2 Esslöffeln 4 Klösschen formen. Im heissen, aber nicht mehr kochenden Fischfond etwa 15 Minuten ziehen lassen.

⑦ Hechtabschnitte würfeln und im Fischfond kurz pochieren.

Vorbereiten

④, ①, ②.

Fertigstellen

⑤, ⑥, ⑦, ③: Suppe in vorgewärmte Teller verteilen. Hechtklösschen und Hechtabschnittte dazugeben.

Der Frühling führt uns in Versuchung

Capuns

4 schöne, grosse Mangoldblätter

3 EL Sbrinz oder Parmesan, gerieben

Kräutersalz

schwarzer Pfeffer aus der Mühle

100 ml Geflügelfond, Rezept Seite 270

für die Füllung:

wenig Butter, zum Dünsten und Einfetten der Gratinform

1 Bundzwiebel, klein geschnitten

Morchelstiele (siehe Morcheln an Vin jaune), fein gehackt

20 g Mostbröckli oder Bresaola, gewürfelt

125 g Bröseltopfen (oder Magerquark, mindestens 1 Tag abgetropft)

1 Eigelb

2 EL Olivenöl

2–3 EL Weissbrotbrösel (Mie de pain)

½ Bund glatte Petersilie, Blättchen abgezupft, gehackt

1 Zitronenthymianzweig, Blättchen abgezupft, gehackt

1 Bio-Zitrone, davon 3 Schalenabriebe

½ TL Paprikapulver

ausserdem zum Garnieren:

essbare Blüten

① Mangoldblätter in kochendem Salzwasser blanchieren, in einem Sieb kalt abschrecken und abtropfen lassen. Blätter trocken tupfen und dicke Blattrippen flach abschneiden. Auf eine mit wenig Sbrinz bestreute Platte oder ein Tuch legen. Mit Kräutersalz und Pfeffer würzen.

② Bundzwiebeln und Morchelstiele in Butter andünsten, restliche Zutaten unterrühren. Erkalten lassen.

③ 1 EL Füllung auf jedes Mangoldblatt geben und aufrollen, dabei die Seiten des Blattes so einschlagen, dass ein rundes, geschlossenes Päckchen entsteht. Capuns in eine mit Butter eingefettete Gratinform legen.

④ Ofen auf 180 °C Unter-/Oberhitze aufheizen. Geflügelfond über die Capuns giessen. Im vorgeheizten Ofen etwa 10 Minuten garen.

Topfencapuns
Morcheln
Fave

für 4 Menüportionen

Morcheln **an** Vin jaune

200 g frische Morcheln

5 cm Lauchstange, in Würfelchen

Butter

20 ml Vin jaune d'Arbois

50 ml Bratenjus oder Kalbsfond dunkel, Rezept Seite 271

3–4 EL Doppelrahm

Meersalz

weisser Pfeffer aus der Mühle

⑦ Stiele der Morcheln abschneiden (für die Capuns-Füllung verwenden). Morcheln längs halbieren oder in Viertel schneiden. In kochendes Salzwasser geben, einmal aufkochen, schwenken, mit der Drahtkelle sofort herausnehmen und in einem Sieb über einer Schüssel abtropfen lassen. Abtropfsaft auffangen.

⑧ Lauch in wenig Butter andünsten, abgetropfte Morcheln zugeben und mitdünsten, mit Vin jaune ablöschen. Bratenjus, Doppelrahm und wenig Abtropfsaft der Morcheln unterrühren, kurz köcheln und absieben. Rahmsauce separat einkochen, würzen mit Salz und Pfeffer, Morcheln wieder zugeben.

Fave

1½ kg frische Fave (Saubohnen, dicke Bohnen)

1 EL Olivenöl

Kräutersalz

⑤ Fave aus den Schoten lösen, Kerne 1–2 Minuten in kochendem Wasser blanchieren, kalt abschrecken, Haut abziehen.

⑥ Fave im Olivenöl erwärmen, mit Kräutersalz würzen.

Vorbereiten

⑦, ①–③, ⑤.

Fertigstellen

④, ⑧, ⑥: Morcheln auf die Teller verteilen. Fave und Capuns darauflegen.

Der Frühling führt uns in Versuchung

Zweierlei vom Gitzi
Frühlingsgemüse
für 4 Menüportionen

Gitzi-Gigot vom Daiwiler Gitzi

1 Gitzigigot

1 EL Rosmarinnadeln, fein gehackt

2 Knoblauchzehen, geschält, fein gewürfelt

½ Chilischote, entkernt, fein gewürfelt

schwarzer Pfeffer aus der Mühle

Olivenöl, zum Marinieren und Anbraten

Fleur de Sel

für das Würzöl:

mindestens ½ Liter Olivenöl, zum Einlegen des Gigots

1 Schalotte, geschält, klein geschnitten

1 EL Rosmarinnadeln, gehackt

4 Salbeiblätter, gehackt

1 Chilischote, entkernt, fein gewürfelt

① Rosmarin, Knoblauch, Chili und Pfeffer mit etwa 2 EL Olivenöl im Mörser verreiben. Gigot mit der Marinade einreiben. Zugedeckt 2 Stunden marinieren.

② Ofen auf etwa 100 °C Unter-/Oberhitze vorheizen. Für das Würzöl Olivenöl mit Schalotten, Rosmarin, Salbei und Chili in einem für das Gigot passenden, möglichst kleinen Gefäss im Ofen auf 90 °C Öltemperatur erwärmen.

③ Gigot in einer Bratpfanne in Olivenöl rundum anbraten, in das vorgewärmte Würzöl legen. Im Ofen 3 Stunden bei 90 °C Öltemperatur garen.

④ Gigot auf einem Gitter mit Auffangschale im geöffneten Ofen 15 Minuten mit Alufolie bedeckt abtropfen und abstehen lassen. Mit Fleur de Sel würzen.

« Gitzi, Zicklein, Capretto: der Klassiker eines Schweizer Frühlingsmenüs »
Gut zu wissen.

Gitzi-Brust-Ragout vom Daiwiler Gitzi

1 Gitzibrustseite

2 EL Rosmarinnadeln, fein gehackt

2 Knoblauchzehen, geschält, fein gewürfelt

8 grüne Pfefferkörner

2 EL Olivenöl

Olivenöl, zum Anbraten

Fleur de Sel

3 Bundzwiebeln, klein geschnitten

1 EL Tomatenpüree

200 ml dunkler Kalbsfond, Rezept Seite 271

2 Tomaten, geschält, geviertelt, entkernt, gewürfelt
Tomaten schälen siehe Seite 267

⑤ Gitzibrust zerlegen, Fleisch parieren und in kleine Würfel schneiden. Für die Marinade Rosmarin, Knoblauch, Pfefferkörner und Olivenöl im Mörser verreiben. Marinade mit dem Fleisch mischen. Zugedeckt etwa 3 Stunden marinieren.

⑥ Fleischwürfelchen in einer Bratpfanne in Olivenöl anbraten. Würzen mit Fleur de Sel. Bundzwiebeln und Tomatenpüree unterrühren und kurz mitdünsten. Mit dem Kalbsfond ablöschen. Tomaten zugeben, aufkochen und auf kleiner Stufe zugedeckt etwa 30 Minuten schmoren lassen.

Der Frühling führt uns in Versuchung

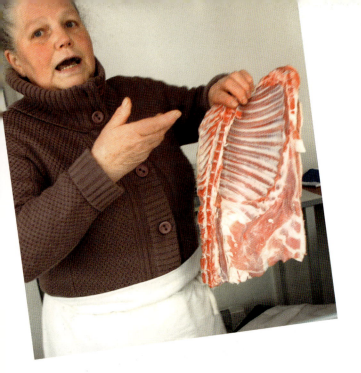

Kartoffeln, ofengebacken

12 erntefrische, kleine Kartoffeln

½ junge Knoblauchknolle, Zehen vereinzelt, geschält

2 EL Olivenöl

1 TL Fleur de Sel

schwarzer Pfeffer aus der Mühle

2 Rosmarinzweige, Nadeln abgestreift und gehackt

einige Salbeiblätter, in Streifen geschnitten

⑦ Ofen auf 220 °C Unter-/Oberhitze vorheizen. Ein Backblech mit Backpapier auslegen. Kartoffeln längs halbieren, in einer Schüssel mit Knoblauchzehen, Olivenöl, Fleur de Sel, Pfeffer, Rosmarin und Salbei mischen. Auf dem Blech verteilen.

⑧ Kartoffeln im vorgeheizten Ofen 20–30 Minuten backen.

Frühlingsgemüse

2 mittelgrosse Artischocken (carciofi spinosi)

1 EL Zitronensaft

1 Bund Mönchsbart (Barba di Frate)

100 g Morcheln

ca. 300 g Erbsenschoten, Erbsen ausgelöst

1-2 TL Minzöl

2 EL Olivenöl, zum Anbraten

Kräutersalz

schwarzer Pfeffer aus der Mühle

50 ml Geflügelfond, Rezept Seite 270

30 ml Weisswein

⑨ Artischocken rüsten, siehe Seite 267. In Achtel schneiden, mit Zitronensaft einreiben. Mönchsbart putzen, Wurzelenden grosszügig wegschneiden. Morcheln längs halbieren, in ein Sieb geben und unter fliessendem Wasser waschen.

⑩ 2 Liter Salzwasser aufkochen. Zuerst Erbsen, dann Mönchsbartspitzen und zum Schluss Morcheln nacheinander blanchieren (einmal aufkochen). Mit der Drahtkelle aus dem Salzwasser nehmen, kalt abschrecken und in einem Sieb abtropfen lassen. Mönchsbart und Erbsen in einer Schüssel mit dem Minzöl aromatisieren. Morcheln auf einem Küchenpapier gut abtropfen lassen.

⑪ Artischocken im Olivenöl anbraten, mit Kräutersalz und Pfeffer würzen und mit Geflügelfond ablöschen. Morcheln und Weisswein zugeben und kurz mitdünsten. Saft absieben und separat etwas einkochen. Im letzten Moment Erbsen und Mönchsbart zu Artischocken und Morcheln geben, nachwürzen mit Kräutersalz und Pfeffer. Eingekochten Fond wieder zufügen.

Vorbereiten
⑤, ①, ②, ③, ⑦, ⑨, ⑩, ⑥.

Fertigstellen
⑧, ④, ⑪: Gigot nach dem Abstehen tranchieren. Mit dem Gitzibrust-Ragout und dem Frühlingsgemüse anrichten.

Mönchsbart,
« (it.: Agretti, Barba di Frate) »
ist kein Kapuzinerbart
Gut zu wissen.

Mohnknödel
Rhabarber
Erdbeersorbet
für 8 Menüportionen und etwa 16 Mohnknödel

Rhabarberkompott

500 g Rhabarber

100 g Zucker

1 Vanilleschote «Tahiti»

100 ml Süsswein

ca. 10 Erdbeeren

‹‹ Warum denn immer nur Rhabarberkompott? ››

Gut zu wissen.

① Rhabarber beidseitig kappen und die Haut abziehen, Stangen in etwa 2 cm lange Stücke schneiden. In einer Schüssel mit dem Zucker mischen. 30 Minuten Saft ziehen lassen. Rhabarber in einem Sieb über einer Schüssel abtropfen lassen und den Saft auffangen.

② Rhabarberjus, Rhabarberhäute und -abschnitte mit der aufgeschnittenen Vanilleschote aufkochen, zugedeckt 10 Minuten ziehen lassen. Absieben und Fond auffangen. Abschnitte und Schalen ausdrücken.

③ Süsswein und geputzte, halbierte Erdbeeren zum Rhabarberfond geben, aufkochen, 10 Minuten ziehen lassen. Mit dem Stabmixer pürieren. Rhabarberstücke zugeben, kurz aufkochen, von der Wärmequelle nehmen. Zugedeckt auskühlen lassen.

Erdbeersorbet

500 g Erdbeeren

200 g Zucker

ca. 2 EL Zitronensaft

④ Erdbeeren entstielen und klein schneiden, mit Zucker und Zitronensaft mischen und mit Stabmixer pürieren. Kalt stellen.

⑤ In der Eismaschine zu Sorbet gefrieren lassen.

Quarkknödel mit Mohnfüllung

Teig

45 g zimmerwarme Butter

75 g Zucker

1 Msp Meersalz

½ Vanilleschote «Tahiti»

½ Bio-Zitrone, fein abgeriebene Schale

225 g Topfen (oder 500 g Magerquark, 2 Tage abgetropft)

3 Eier (150 g Vollei)

80–100 g Biskuit- oder Weissbrotbrösel

Mohnfüllung

60 g Milch

40 g Honig

25 g Rum

80 g Mohn, frisch zerstossen

1 Prise Zimtpulver

30 g weisse Schokolade

ca. 25 g Biskuitbrösel

Butterbrösel

100 g Butter

120 g Weissbrotbrösel (Mie de pain)

2 Msp Zimtpulver

2 EL Rohrohrzucker

ausserdem zum Garen:

1 Zimtstange

2 EL Meersalz

‹‹ Mohn wird ranzig? Das lässt sich vermeiden! ››

Gut zu wissen.

⑥ Für den Teig Butter und Zucker luftig-cremig aufschlagen, Meersalz, abgestreiftes Vanillemark und Zitronenschale unterrühren. Topfen portionsweise unterrühren und kurz weiterschlagen. Verklopfte Eier langsam unterrühren. Drei Viertel der Biskuitbrösel portionsweise unterheben, so dass eine feste Masse entsteht. Masse mindestens 3 Stunden stehen lassen. Restliche Brösel bei Bedarf unterheben.

⑦ Für die Mohnfüllung Milch, Honig und Rum aufkochen, Mohn und Zimt zugeben, 3 Minuten kochen. Schokolade und Biskuitbrösel unterrühren, Masse gut durchkühlen lassen. Haselnussgrosse Kugeln formen.

⑧ Knödelteig portionieren. In der Hand Rondellen formen, die Mohnkugeln darin einhüllen und Knödel formen.

⑨ In einem Kochtopf 3 Liter Wasser mit Zimtstange und Salz aufkochen. Knödel ins kochende Wasser geben. Unter dem Siedepunkt etwa 10 Minuten ziehen lassen.

⑩ Für die Butterbrösel Butter in einer Bratpfanne erhitzen, Brotbrösel, Zimt und Zucker zugeben und hellbraun rösten.

⑪ Knödel mit der Drahtkelle herausnehmen, in der Pfanne mit den Butterbröseln drehen.

‹‹ Wo gibts denn in der Schweiz Topfen? ››

Gut zu wissen.

Vorbereiten
④, ⑥, ①, ⑦, ②–③, ⑧.

Fertigstellen
⑤: Erdbeersorbet in separaten Schalen servieren.

⑨, ⑩, ⑪: Knödel anrichten auf Rhabarberkompott.

Im Wonnemonat Mai

Kulinarisch ist der Frühling noch nicht zu Ende. Der Luzerner Markt trägt jetzt das schönste Frühlingskleid. Die Farbe Grün steht für Lebendigkeit, Jugend, Frische und Erneuerung. Trotz allem sollte man den Regenschirm nicht vergessen. Im Mai, und nicht nur im Mai, kann es auch in Luzern regnen.

Das zarte Grün ist nun schon kräftig und konkurrenziert mit dem Erdbeerrot. Es spargelt weiss und grün, Karotten und Kohlrabi fühlen sich knackig an. Die Morcheln prall und das Maiböckchen zart. Rhabarber und die erdbeerige Ilona bieten sich zu süssen Kreationen an.

Edgar Boog vom Buuregarte nimmt sich Zeit, seine Produkte vorzustellen. Mit berechtigtem Stolz zeigt er den Grünspargel und erklärt, woran man die Frische erkennt und dass die dünnen Grünspargel von alten Spargelstöcken stammen. Edgar und Bernadette Boog sind Gemüsebauern und kommen aus Hünenberg im Kanton Zug. Im Eigenbau produzieren sie nicht nur Gemüse und Salate, sondern auch spezielle Kartoffeln und viele Beeren und Blumen. Die besten Erdbeeren am Luzerner Markt bekommt man im Buuregarte. Mit zugekauften Produkten wird das Angebot ergänzt.

Inspiriert**vom**

Amuse-Bouche:
Hechtwürfel, Orangensauce,
Waldspargel, Fave

Spargel, Hechtwürfel,
Brennnessel-Hollandaise

Zander, Artischocken,
Salicorne

Markt

Ziegenkäse-Ravioli,
Grünspargel, Tomaten

Rehschlegel,
Eierschwämme, Marktgemüse

Rhabarbersorbet, Erdbeeren,
Baumnuss-Kugeln

Hechtwürfel
Orangensauce
Waldspargel Fave

für 4 Menüportionen

Hechtwürfel

200 g Hechtfilet, entgrätet

1 Bio-Orange, fein abgeriebene Schale

1 TL rosa Pfefferkörner, zerstossen

2 Lorbeerblätter, zum Anbraten

Je ½ EL Olivenöl und Butter, zum Anbraten

ausserdem zum Garnieren:

Lorbeerblätter, Paprikapulver

① Fischhaut abziehen, Fleisch parieren und in 3 cm grosse Würfel schneiden. Hechtwürfel mit Orangenschale und rosa Pfeffer mindestens 1 Stunde marinieren.

② Hechtwürfel mit Lorbeerblättern in der Olivenöl-Butter-Mischung anbraten. In einem Sieb abtropfen lassen. Mit 2–3 EL Orangen-Gewürzsauce glacieren.

Orangen-Gewürzsauce

1 Bio-Orange, fein abgeriebene Schale und Saft

1 Schalotte, geschält, klein geschnitten

100 ml Fischfond, Rezept Seite 269

Meersalz

Piment d'Espelette

1 EL Scorzette di Arance (Orangenschalenconfit aus dem Glas)

③ Für die Orangen-Gewürzsauce Zutaten bis und mit Fischfond auf die Hälfte einkochen lassen. Mit Salz, Piment d'Espelette und Scorzette würzen. Mit dem Stabmixer fein pürieren.

« Stroganoff aus Hechtfleisch? »
Gut zu wissen.

Waldspargel und Fave

1 Bund Waldspargel

1 ½ kg Fave (Saubohnen, dicke Bohnen)

Butter

Fleur de Sel

weisser Pfeffer aus der Mühle

④ Waldspargel in kochendes Salzwasser geben und einmal aufkochen, abgiessen und abtropfen lassen.

⑤ Fave aus den Schoten lösen, Kerne 1–2 Minuten in kochendem Wasser blanchieren, kalt abschrecken, Haut abziehen.

⑥ Waldspargel in wenig Butter erwärmen. Würzen mit Fleur de Sel und Pfeffer.

⑦ In der restlichen Orangen-Gewürzsauce Fave aufwärmen.

Vorbereiten
①, ③, ④, ⑤.
Fertigstellen
②, ⑥, ⑦: Waldspargel und Fave ringförmig anrichten. Hechtwürfel in den Ring verteilen

Hecht-würfel Spargel

für 4 Menüportionen

Hechtwürfel

250 g Hechtfilet, entgrätet

1 Bundzwiebel, grüner Teil, klein geschnitten

1 Fenchelkrautzweig

1 Majoranzweig, Blättchen abgezupft

½ EL rosa Pfefferkörner, zerstossen

1 TL edelsüsses Paprikapulver

Je ½ EL Olivenöl und Butter, zum Anbraten

ausserdem zum Garnieren:

Dillzweige

① Hechthaut abziehen, Fleisch parieren und in 3 cm grosse Würfel schneiden. Hechtparüren für die Hechtsauce verwenden. Bundzwiebel, fein gehackte Kräuter und Gewürze unter die Hechtwürfel mischen und mindestens 1 Stunde marinieren.

② Hechtwürfel in Olivenöl-Butter-Mischung anbraten. In einem Sieb abtropfen lassen und mit der Hechtsauce überziehen (glacieren).

Hechtsauce

1 Schalotte, geschält, klein geschnitten

2 Spross Stangensellerie, fein gewürfelt

1 Petersilienwurzel, geschält, fein gewürfelt

2 TL Paprikapulver

Olivenöl, zum Andünsten

100 ml Weisswein

200 ml Fischfond, Rezept Seite 269

Hechtparüren

1 Ramiro-Peperoni, geschält, entkernt, klein gewürfelt

2 Schalotten, geschält, klein geschnitten

Fleur de Sel

weisser Pfeffer aus der Mühle

1 Prise Zucker

③ Schalotte und Gemüse mit dem Paprikapulver in Olivenöl andünsten, mit Weisswein und Fischfond ablöschen, Hechtparüren zugeben, aufkochen und den Hechtfond 30 Minuten simmern lassen, absieben.

④ Peperoni und Schalotten im Olivenöl andünsten, mit dem Hechtfond ablöschen, bis auf ein Viertel einkochen. Mit dem Stabmixer fein pürieren. Mit Fleur de Sel und Pfeffer würzen und mit Zucker abrunden.

Brennnessel-Hollandaise

Brennnessel-Hollandaise

1 grosse Handvoll Brennnesseln, Blätter abgezupft, Stiele gehackt

300 g Butter

1 grosse Schalotte, geschält, klein geschnitten

Petersilienstiele von ½ Bund glatter Petersilie, gehackt

10 weisse Pfefferkörner, zerstossen

200 ml Weisswein

4 Eigelb

1 Spritzer Zitronensaft

Kräutersalz

⑤ Brennnesselblätter in ein Sieb geben, mit kochendem Salzwasser übergiessen, kalt abspülen und ausdrücken. Danach fein hacken.

⑥ Butter klären, Molkenbestandteile absetzen lassen. Schalotte, Petersilienstiele, Brennnesselstiele und Pfeffer mit Weisswein aufkochen und auf 60–70 ml einkochen. Reduktion absieben.

⑦ Eigelbe mit der Reduktion im Wasserbad bei 80 °C schaumig rühren, warme, geklärte Butter im Faden unter Rühren mit einem Stabmixer unterschlagen, bis die Sauce andickt. Mit Zitronensaft und Kräutersalz abschmecken. Unmittelbar vor dem Anrichten gehackte Brennnesselblätter unter die warme Hollandaise ziehen.

Spargeln, weiss

1 kg Spargel aus der Region

1 EL Salz

1 TL Zucker

1 EL Butter

Puderzucker

⑧ Spargel schälen, den unteren holzigen Teil kappen.

⑨ Ofen auf 220°C Grill vorheizen. Spargel in kochendem Salzwasser mit Zucker und Butter aufkochen. Spargel etwa 12 Minuten auf niedriger Stufe zugedeckt ziehen lassen. Herausnehmen und auf einem Gitter kurz abtropfen lassen. Ein Backblech mit einem Backpapier auslegen. Spargel auf das Blech legen und mit Puderzucker bestäuben. Im vorgeheizten Ofen kurz karamellisieren.

Vorbereiten
①, ③–④, ⑤, ⑥, ⑧.

Fertigstellen
⑦, ⑨, ②: Brennnessel-Hollandaise sofort zu Spargel und Hechtwürfeln servieren.

Zander
Salicorne Artischocken

für 4 Menüportionen

Zanderfilet im Päckchen

1 ganzer Zander, 600–800 g

1 grosser Radicchio rosso

8 getrocknete Tomaten, in warmem Wasser eingeweicht

½ Bund glatte Petersilie

Fleur de Sel

weisser Pfeffer aus der Mühle

Olivenöl

« Zander, Filets oder ganzer Fisch? »
Gut zu wissen.

ausserdem zum Garnieren:

Karottenkrautspitzen

Einige entsteinte Oliven, in Scheiben

① Zander filetieren, entgräten, häuten. In 8 etwa 5 × 3 cm grosse Stücke schneiden.

② Radicchio rosso entblättern, 4 grosse Blätter kurz in kochendem Salzwasser blanchieren, kalt abschrecken, abtropfen lassen, mit Küchenpapier trocken tupfen. Dicke Blattrippen wegschneiden. Tomaten und abgezupfte Petersilienblätter grob hacken, danach im Cutter zu einer feinen, streichfähigen Paste mixen.

③ 4 Zanderfiletstücke mit der Paste bestreichen, mit den restlichen 4 Filetstücken sandwichartig zudecken. Hautseite der Filets aussen. Mit Fleur de Sel und Pfeffer würzen und in je ein Blatt Radicchio rosso einwickeln. Auf ein mit Backpapier belegtes Blech legen. Mit Olivenöl beträufeln.

④ Ofen auf 180 °C Unter-/Oberhitze vorheizen. Zanderpäckchen etwa 8 Minuten im vorgeheizten Ofen garen.

Fischfumet

⑤ Aus den Fischabschnitten und Gräten vom Zander (ohne Kopf) einen Fumet zubereiten, Rezept Seite 269.

Artischocken-Salicorne-Gemüse

4 kleine Artischocken

1 EL Zitronensaft

300 g Salicorne

wenig Butter, zum Dünsten

2 EL Zitronenöl (Olivenöl mit Zitronen aromatisiert)

1 EL in Salz eingelegte Kapern

100 ml Fischfumet

Fleur de Sel

weisser Pfeffer aus der Mühle

1 EL kalte Butter

« Salicorne, Unkraut oder Meeresspargel? »
Gut zu wissen.

⑥ Artischocken rüsten, siehe Seite 267. In Viertel schneiden, mit Zitronensaft einreiben. Salicorne putzen und kurz blanchieren.

⑦ Artischockenstücke im Zitronenöl anbraten, Kapern zugeben und mit Fischfumet gar kochen. Würzen mit Fleur de Sel und weissem Pfeffer. Salicorne in wenig Butter andünsten. Artischocken mit der Drahtkelle aus dem Fond heben und zu den Salicorne geben. Nachwürzen und warm stellen.

⑧ Artischockenfond etwas einkochen und mit kalter Butter aufmontieren.

Vorbereiten

①, ⑤, ②–③, ⑥.

Fertigstellen

⑦, ④, ⑧: Gemüse auf den Tellern anrichten. Zanderpäckchen darauflegen. Umgiessen mit Artischockenfond.

Ziegenkäse-Ravioli

Ravioliteig

100 g Spinat

2 Eigelb, ergänzt mit 1–2 Eiern
auf ca. 125 g Eimasse

250 g Weissmehl

Hartweizendunst, zum Bestreuen

Ziegenkäsefüllung

4 weisse Spargeln

Fleur de Sel

Puderzucker

2 EL Olivenöl

2 Ziegenkäsli (1 mild frisch,
1 rezent gereift, z.B. vom Menzberg)

2 EL Sbrinz oder Parmesan, frisch gerieben

1–2 EL Weissbrotbrösel

2 EL Zitronenthymian, gehackt

Kräutersalz

weisser Pfeffer aus der Mühle

① Für den Teig Spinat mit Eiern und Eigelben im Standmixer zu einer feinen Masse mixen. Unter das Mehl mischen und zu einem elastischen Teig kneten. Teig in Folie einwickeln und 1 Stunde ruhen lassen. Siehe Seite 275.

② Ofen auf 160 °C Umluft vorheizen. Backblech mit Backpapier auslegen. Spargel schälen, holzige Enden kappen und Stangen in Würfelchen schneiden. Mit Fleur de Sel, Puderzucker und Olivenöl mischen und auf das Blech verteilen. Im vorgeheizten Ofen 10 Minuten backen (antrocknen).

③ Spargelwürfelchen mit zerdrückten Ziegenkäsli, Parmesan, 1 EL Weissbrotbrösel und Zitronenthymian gut mischen. Würzen mit Kräutersalz und weissem Pfeffer. Falls die Füllung zu feucht ist, restliche Weissbrotbrösel unterrühren. In einen Spritzbeutel mit grosser, glatter Tülle füllen.

④ Etwa 50 g Teig in der Nudelwalze hauchdünn auf Walzenbreite ausrollen. Teigband quer halbieren. Ein Band mit Wasser bestreichen. In kurzen Abständen je ein TL Füllung darauf drücken, zweites Band darauflegen und rund um die Füllung andrücken, mit einem Raviolistempel ausstechen. Eingeschlossene Luft zwischen den Handflächen vorsichtig hinausdrücken. Ravioli auf ein mit Hartweizendunst bestreutes Blech legen, um das Ankleben zu verhindern.

⑤ Ravioli in siedendem Salzwasser etwa 3 Minuten garen.

Ziegenkäse-Ravioli
Grünspargel
Tomaten

für 4 Menüportionen

Tomatenpassata

1 kg Merindatomaten

4 EL Olivenöl

1 Zweig Rosmarin, Nadeln abgestreift

2 Zweige Thymian, Blätter abgezupft

½ EL Fleur de Sel

⑥ Ofen auf 120 °C Umluft vorheizen. Tomaten mit einem spitzen Messer perforieren, auf ein mit Backpapier belegtes Blech legen, mit Kräutern und Salz bestreuen, mit Olivenöl beträufeln. Im vorgeheizten Ofen 1 Stunde confieren. Alles durch ein Sieb drücken, nachwürzen und warm stellen.

Spargelspitzen, grüne

16–20 feiner, grüner Spargel aus der Adria-Region

1 EL Olivenöl

½ TL Fleur de Sel

schwarzer Pfeffer aus der Mühle

ausserdem zum Garnieren:

Majoranzweige

⑦ Zähe Enden der Grünspargel abbrechen.

⑧ Spargelspitzen in Olivenöl ca. 5 Minuten anbraten, mit Fleur de Sel und schwarzem Pfeffer würzen.

Vorbereiten
①, ⑥, ②, ③–④, ⑦.
Fertigstellen
⑧, ⑤: Ravioli nach dem Garen sofort auf einem Saucenspiegel der Passata anrichten. Spargelspitzen dazulegen.

Rehschlegel
Eierschwämme
Marktgemüse für 8 Menüportionen

» Maibock, weil frisches Gras
besser schmeckt als Laub! »
Gut zu wissen.

Rehschlegel am Knochen gebraten

1 Rehschlegel (Rehkeule) vom Maibock, etwa 2 kg

2 Rosmarinzweige, Nadeln abgestreift und gehackt

3 Thymianzweige, Blättchen abgezupft und gehackt

2 Lorbeerblätter, gehackt

1 TL Korianderkörner

je 1 EL schwarze und rosa Pfefferkörner

2 EL Olivenöl

1 EL Gewürzsalz für Wild, Rezept Seite 273

ausserdem zum Garnieren:

Rosmarinzweige

① Rehschlegel parieren und mit Küchenschnur in Form binden. Parüren für den Wildjus verwenden. Kräuter und Gewürze mit Olivenöl im Mörser verreiben, Schlegel mit der Marinade einreiben. 3 Stunden zugedeckt marinieren.

② Ofen auf 160 °C Unter-/Oberhitze vorheizen. Rehschlegel in Olivenöl anbraten. Auf einem Gitter mit Auffangschale im vorgeheizten Ofen auf eine Kerntemperatur von 56 °C braten. Dauert etwa 70 Minuten. Ofen ausschalten. Fleisch mit Gewürzsalz einreiben und bei offener Ofentüre 15 Minuten abstehen lassen.

Wildjus

Mirepoix: 50 g Karotten, 50 g Knollensellerie, 50 g Petersilienwurzel

Parüren vom Rehschlegel

1 EL Olivenöl

30 g Tomatenpüree

100 ml Weisswein

½ l Wildfond, Rezept Seite 272
oder Geflügelfond, Rezept Seite 270

schwarzer Pfeffer aus der Mühle

Aceto Balsamico Tradizionale

③ Gemüse für den Mirepoix schälen und zerkleinern. Parüren in Olivenöl anbraten. Mirepoix zugeben und 5 Minuten rührbraten, bis das Gemüse Farbe annimmt. Tomatenpüree zugeben, unter Rühren kurz mitdünsten, mit Weisswein portionsweise glacieren. Mit Wildfond auffüllen, aufkochen und auf niedriger Stufe auf die Hälfte einköcheln.

④ Wildjus durch ein feines Sieb streichen. Auf die gewünschte Konsistenz einkochen. Abschmecken mit schwarzem Pfeffer und wenig Aceto Balsamico.

Frühlingsgemüse

8 kleine, junge rote Randen (rote Beten)

2 EL Orangenöl
(Olivenöl mit Orangen aromatisiert)

½ TL Kräutersalz

schwarzer Pfeffer aus der Mühle

1 Bund Pariser Karotten

50 ml Orangensaft

½ EL Honig

weisser Pfeffer aus der Mühle

½ TL Kräutersalz

300 g Erbsenschoten

150 g Kefen (Zuckererbsen)

200 g kleine Eierschwämme (Pfifferlinge)

1 EL Butter

1 Schuss Rahm

Fleur de Sel

⑤ Randen putzen, halbieren, mit Kräutersalz und schwarzer Pfeffer würzen und mit dem Orangenöl in Vakuumbeutel legen und vakuumieren. 1 Stunde bei 85 °C sous-vide garen.

⑥ Randen aus dem Beutel nehmen, schälen. Saft einkochen und die Randen darin glacieren.

⑦ Karotten in kochendem Salzwasser 3 Minuten blanchieren. Kalt abschrecken und schälen.

⑧ Orangensaft mit Honig, weisser Pfeffer und Kräutersalz aufkochen, auf mittlerer Stufe einkochen, Karotten im Jus glacieren.

⑨ Erbsen aus den Schoten streifen, bei den Kefen Stielansatz abschneiden. Kefen schräg halbieren, nacheinander in kochendem Salzwasser blanchieren. Mit einer Drahtkelle herausheben und kalt abschrecken.

⑩ Eierschwämme putzen und im Blanchierwasser der Gemüse kurz blanchieren. Gut abtropfen lassen.

⑪ Erbsen, Kefen und Pilze im Wok in der Butter dünsten, den Rahm unterrühren und mit Fleur de Sel und schwarzem Pfeffer würzen.

« Kein Vakuumierer?
Macht nichts! »
Gut zu wissen.

« Kein Sous-vide -Gerät vorhanden?
Macht nichts! »
Gut zu wissen.

Vorbereiten
①, ③, ⑤, ④, ⑦, ⑨, ⑩, ②.

Fertigstellen
⑥, ⑧, ⑪: Gemüse auf den Tellern anrichten. Den abgestandenen Rehschlegel aufschneiden und auf das Gemüse legen. Mit Fleur de Sel nachsalzen. Wildjus angiessen.

schnipseln, hacken, rüsten, vorbereiten, anrichten...

Rhabarbersorbet Erdbeeren
Baumnusskugeln
für 8 Menüportionen

Rhabarbersorbet

500 g Erdbeer-Rhabarber

2 EL Erdbeercoulis

50 g Erdbeeren, entstielt

2 grüne Kardamomkörner

6–8 Samenkapseln grüner Szechuanpfeffer

3 Zimtblüten

150 g Zucker

ausserdem zum Garnieren:

4 Minzeblättchen

Pistazien, grob gehackt

Puderzucker

① Rhabarber beidseitig kappen und Haut abziehen, daraus 24 schöne, 3–4 cm lange, etwa 1 cm dicke Stücke schneiden. Rest würfeln.

② Rhabarberstücke mit Erdbeercoulis mischen, in Vakuumbeutel legen und vakuumieren. 20 Minuten bei 67 °C sous-vide garen. Erkalten lassen. Aus dem Beutel nehmen und beiseite stellen.

③ Rhabarberhäute mit 100 ml Wasser, Erdbeeren, grob zerdrückten Gewürzen und einem Drittel des Zuckers (50 g) aufkochen, zugedeckt 10 Minuten ziehen lassen. Rharbarberfond durch ein Sieb in eine Schüssel passieren.

④ Rhabarberwürfel mit restlichem Zucker (100 g) und Rhabarberfond mischen. 1 Stunde ziehen lassen. 10 Minuten auf niedriger Stufe kochen, pürieren und im Kühlschrank zugedeckt kalt stellen.

⑤ Rhabarberpüree vor dem Servieren in der Eismaschine zu Sorbet gefrieren lassen.

« Sorbets frisch geniessen, im Tiefkühler werden sie hart! »
Gut zu wissen.

Baumnusskugeln

75 g Butter

75 g Puderzucker

2 Eiweiss, ca. 60 g

40 g Baumnusskerne (Walnusskerne), frisch gemahlen

30 g Weissmehl

1 TL Honig

1 Prise Salz

weiche Butter,
zum Einfetten der Kugelbackform

⑦ Ofen auf 180 °C Unter-/Oberhitze vorheizen. Kugelbackform mit wenig Butter einfetten.

⑧ Butter zerlassen und leicht bräunen.

⑨ Puderzucker sieben und mit Eiweiss verrühren, jedoch nicht schaumig schlagen. Butter, Nüsse, Mehl, Honig und Salz unter die Eiweissmasse ziehen, abkühlen lassen. Teig in einen Spritzbeutel mit glatter Tülle füllen, in die unteren Halbkugeln der Kugelbackform spritzen. Deckel aufsetzen. Baumnusskugeln 10–15 Minuten im vorgeheizten Ofen backen.

Erdbeeren & Erdbeercoulis

500 g Erdbeeren

1 EL Puderzucker

½ Bio-Zitrone, Saft

⑥ Erdbeeren entstielen. Die Hälfte klein schneiden und mit Puderzucker und Zitronensaft zu einem Coulis mixen. Restliche Erdbeeren halbieren.

Vorbereiten
⑥, ①, ②, ③–④, ⑦–⑨.

Fertigstellen
⑤: Mit Erdbeercoulis einen Ring auf die Teller zeichnen, Erdbeerhälften auf den Ring legen, mit wenig Puderzucker bestäuben. In die Mitte des Ringes 3 Rhabarberstücke legen. Darauf eine Kugel Rhabarbersorbet legen. Daneben eine Baumnusskugel.

Im Licht des Früh- sommers

Und wieder gilt es früh aufzustehen. Im Sommer ist es ein Vergnügen, auf dem Luzerner Markt zu spazieren und sich von der herrlichen Gemüse- und Früchte- vielfalt, dem Angebot an Käse, Fleisch und Fisch verführen zu lassen.

Mit der Sonnenwende

laufen Kirschen, Aprikosen und Fruchtgemüse dem Spargel den Rang ab. Aus dem See lockt Fangfrisches; knackige Hülsenfrüchte, Blütenvielfalt von scharf bis mild, Kräuterduft und Sommerpilze laden zu mediterranen Gerichten ein. Der Sommerduft von Melonen, Beeren, Blumenzauber und sonnenverwöhnten Kräutern verführen dazu, den Sommer kulinarisch willkommen zu heissen.

Noch sind die letzten Arbeiten beim Aufbau der Marktstände nicht abgeschlossen, schon sind die ersten Kunden da. Auch heute besuchen wir zuerst den Stand des Fischhändlers Nils Hofer.

Schöne Eierschwämme am Marktstand des Fischzüchters Edy Spielhofer. Das eigene Angebot von Forellen, Zander und Saiblingen wird durch zugekaufte Früchte und Gemüse ergänzt. Und dann zu den Zucchiniblüten, solange es noch hat.

Auf dem Tisch der Backstube in Meggen präsentiert sich eine schöne Früchteauswahl für das geplante Dessert.

Mit einer sorgfältigen «Buchhaltung» (was wurde eingekauft? was wird wo verbraucht?) vermeidet Lucas, dass eingekaufte Lebensmittel im Eifer der Rezepterfindung vergessen gehen.

Inspiriert

Amuse-Bouche: Felche, Thai-Gurke **1**

Kirschen-Kaltschale, Tandoori-Krevette **2**

3 Bohnen, Marktpilze, Rohschinken

4 Zucchiniblüte, Favepüree, Artischocken

vom Markt

5 Pulpoterrine, Saibling x2, Kohlrabisuppe, Marktsalat

6 Steinpilze, Spinatgnocchi, Waldspargel

7 Angus-Hohrücken, Ratatouille, Chimichurri

8 Beeren, Pfirsich, Sauerrahmglace, Nuss-Madeleines

Balchen
Thai-Gurke

für 6 Menüportionen

« Balchen, der Brotfisch der Fischer »
Gut zu wissen.

Balchen-Tatar

1 mittelgrosser Balchen, ca. 600 g

2–3 EL saurer Halbrahm

½ EL Ingwer, geschält, fein gerieben

½ EL grobkörniger Senf

1 Dillzweig, gehackt

1 Spritzer Zitronensaft

½ TL Fleur de Sel

schwarzer Pfeffer aus der Mühle

ausserdem:

Dillzweige, zum Garnieren.

① Balchen filetieren, enthäuten und zugedeckt kalt stellen.

② Übrige Zutaten separat mischen und kalt stellen.

③ Vor dem Anrichten Balchen in feine Würfelchen schneiden und mit dem Sauerrahmmix mischen.

Thai-Gurkensalat

1 Gartengurke

1 Limette, fein abgeriebene Schale und Saft

1 rote Chilischote, entkernt, fein gewürfelt

1-1 ½ EL Zucker

1 TL Fleur de Sel

½ Bund Koriander, Blättchen abgezupft und zerpflückt

1 TL Thai-Curry

2 TL Ingwer, geschält, fein gerieben

④ Gurke in Streifen schälen, längs halbieren und entkernen, nochmals längs halbieren und in feine Würfelchen schneiden. Limettensaft und -schale, Chili, Zucker und Fleur de Sel verrühren, bis sich Zucker und Salz gelöst haben. Koriander zugeben. Würzen mit Thai-Curry und Ingwer.

Vorbereiten
① – ③.

Fertigstellen
④: Belchen-Tatar in Gläschen vorlegen. Darauf den Thai-Gurkensalat anrichten.

Kirschen-Kaltschale Tandoori-Krevette

Kirschen-Kaltschale

500 g feste Kirschen

100 ml Wasser

50 g Zucker

1 getrocknete Chilischote, leicht angedrückt

1 Stück Langpfeffer, davon 4–5 Abriebe

5 Zimtblüten

1 TL Korianderkörner, zerstossen

1 cm Ingwer, geschält, in Scheiben geschnitten

Meersalz

½–1 Scheibe Toastbrot, ohne Rinde

200 ml Bracchetto d'Acqui (süsslicher, roter Schaumwein)

ausserdem:

100 ml Milchdrink

2 Zitronengrasstängel, geschält, in feine Scheiben geschnitten

4 Kapuzinerkresse-blüten, zum Garnieren

① Kirschen entsteinen, ein Viertel der Kirschen in Viertel schneiden und für die Einlage verwenden.

② Kirschensteine mit aufgefangenem Saft, Wasser und Zucker aufkochen. Gewürze dazugeben, auf kleiner Stufe 10 Minuten köcheln, durch ein feines Sieb passieren.

③ Restliche drei Viertel der Kirschen zugeben, mit Toastbrot sowie dem Bracchetto mixen. Kirschenviertel untermischen, mit wenig Meersalz abschmecken. Kalt stellen.

④ Milchdrink mit dem Zitronengras unter den Kochpunkt erwärmen und zugedeckt langsam erkalten lassen.

⑤ Zitronengrasmilch vor dem Anrichten absieben, aufwärmen und aufschäumen.

Tandoori-Krevetten

6 Riesenkrevetten (Riesengarnelen)

2 EL Naturjoghurt

½ EL rote Currypaste

1 EL Tandooripaste

⑥ Krevetten schälen, Darm entfernen, kalt abwaschen, trockentupfen.

⑦ Joghurt mit roter Curry- und Tandooripaste verrühren, mit den Krevetten mischen, zugedeckt kalt stellen und durchziehen lassen.

⑧ Ofen auf 230 °C Umluft-Grill aufheizen. Garnelen etwa 12 Minuten im vorgeheizten Ofen grillen.

Vorbereiten
①–④, ⑥, ⑦.

Fertigstellen
⑧, ⑤: Kirschenkaltschale in Gläser füllen. Milchschaum auf die Kirschenkaltschale geben. Krevetten dazulegen.

Bohnen Marktpilze Rohschinken

für 6 Menüportionen

« Warum Eierschwämme »
von Hand zerteilen?
Gut zu wissen.

Marktpilze

400 g kleine Eierschwämme (Pfifferlinge)

400 g Steinpilze

2 Bundzwiebeln, klein geschnitten

Olivenöl

3 EL glatte Petersilie, fein gehackt

I TL Salbei, fein gehackt

2 Thymianzweige, Blättchen abgezupft

½ EL Fleur de Sel

weisser Pfeffer aus der Mühle

I EL Aceto Balsamico Tradizionale

ausserdem:

6 dünne Scheiben Prosciutto di Parma Antica Ardenga / italienischer Rohschinken

I Belper Knolle

glatte Petersilie, zum Garnieren

« Prosciutto di Parma. »
Salz spart Herstellungskosten
Gut zu wissen.

Bohnen

500 g Butterbohnen (Wachsbohnen)

500 g Stangenbohnen

I rote Zwiebel, geschält

I EL Olivenöl

2 EL Zitronenöl
(Olivenöl mit Zitrone aromatisiert)

I EL weisser Balsamessig

I EL feiner Dijonsenf

schwarzer Pfeffer aus der Mühle

½ EL Fleur de Sel

① Pilze putzen. Grössere Pfifferlinge von Hand zerteilen. Steinpilze je nach Grösse in Viertel oder Achtel schneiden. Pilze in kochendem Salzwasser ein paar Sekunden blanchieren, mit Drahtkelle herausnehmen und in einem Sieb gut abtropfen lassen.

② Bundzwiebeln in Olivenöl andünsten, Pilze und Kräuter zugeben und mitdünsten. Mit Fleur de Sel und Pfeffer würzen und mit Aceto Balsamico abrunden.

③ Bohnen am Stielansatz abschneiden, in Salzwasser kochen bis sie gar sind, kalt abschrecken, abtropfen lassen, dann längs halbieren. Rote Zwiebel in Streifen schneiden, im Salzwasser kurz blanchieren, abtropfen lassen.

④ Aus Oliven- und Zitronenöl, weissem Balsamessig und Senf eine Vinaigrette rühren. Mit Pfeffer und Fleur de Sel würzen.

⑤ Vinaigrette kurz vor dem Anrichten mit Bohnen und Zwiebeln mischen.

Vorbereiten
①, ③, ④.

Fertigstellen
②, ⑤: Bohnensalat in Gläser verteilen, Pilze darauflegen. Mit einer Scheibe Rohschinken und gehobelter Belper Knolle anrichten.

Zucchiniblüten, gefüllt mit Favepüree

300 g Fave (Saubohnen, dicke Bohnen)

1 Schalotte, geschält, klein geschnitten

1 Knoblauchzehe, geschält, fein gewürfelt

Olivenöl

ca. 80 g Zucchini, klein geschnitten

1 EL Ricotta

1 EL Parmesan, frisch gerieben

1 Scheibe Toastbrot, ohne Rinde

1 Bund Basilikum, Blättchen abgezupft

Fleur de Sel

weisser Pfeffer aus der Mühle

4 Zucchiniblüten, männlich

ausserdem:

1 Tomate, geschält, entkernt, Filets in Streifen geschnitten
Tomaten schälen, siehe Seite 267

einige dunkle Taggiasca-Oliven, entsteint und grob geschnitten

Thymianblüten, zum Garnieren

① Fave aus den Schoten lösen, Kerne 1–2 Minuten blanchieren, kalt abschrecken, Haut abziehen. Schalotte und Knoblauch in wenig Olivenöl andünsten. Mit Fave und den restlichen Zutaten im Cutter zu einem Püree verarbeiten. Würzen mit Fleur de Sel und Pfeffer.

② Stiel der Zucchiniblüten und Blütenstempel vorsichtig entfernen. Füllung in einen Spritzbeutel mit glatter Tülle füllen, in die geöffneten Blüten drücken und die Blüte zudrehen. Auf ein mit Backpapier belegtes Blech legen und mit Olivenöl beträufeln.

③ Ofen auf 180 °C Unter-/Oberhitze aufheizen. Gefüllte Blüten im vorgeheizten Ofen etwa 10 Minuten backen.

Artischocken-Erbsen-Gemüse

6 junge Artischocken

15 ml Zitronenöl
(Olivenöl mit Zitrone aromatisiert)

15 ml Thymianöl
(Olivenöl mit Thymian aromatisiert)

½ Bio-Zitrone, in feinen Scheiben

1 Lorbeerblatt, fein gehackt

2 Zitronenthymianzweige, Blättchen abgezupft und fein gehackt

Fleur de Sel

300 g Erbsenschoten

ausserdem:

Himbeer-Vinaigrette, Rezept Seite 272

Vorbereiten
① – ②, ④ – ⑥, ⑦.

blüte
schocken

für 4 Menüportionen

④ Artischocken rüsten, siehe Seite 267. In Achtel schneiden und 2–3 Minuten in kochendem Salzwasser blanchieren.

⑤ Zitronen- und Thymianöl mit Zitronenscheiben, Lorbeer und Zitronenthymian mischen, würzen mit Fleur de Sel. Artischockenstücke mit dem Würzöl mischen.

⑥ Ofen auf 140 °C Unter-/Oberhitze aufheizen. Ein Backblech mit Backpapier auslegen. Artischocken darauf verteilen und im vorgeheizten Ofen etwa 20 Minuten garen.

⑦ Erbsen aus den Schoten streifen und in kochendem Salzwasser etwa 5 Minuten garen, bis sie weich sind und abgiessen.

⑧ Artischocken und Erbsen mit der Himbeer-Vinaigrette beträufeln.

Fertigstellen

③, ⑧: Artischocken und Erbsen in Gläschen verteilen und die gebackene Zucchiniblüten darauf anrichten. Garnieren mit Tomatenstreifen, Oliven und Thymianblüten.

Pulpoterrine
Kohlrabisuppe
Saibling × 2
Marktsalat

für 4 Menüportionen.
Die Terrine reicht für 8 Menüportionen.

Pulpoterrine

1 halbrunde Terrinenform, 5 cm hoch

1 mittelgrosser Pulpo, ca. 1 kg

1 Chilischote, entkernt, fein gewürfelt

2 frische Lorbeerblätter

100 ml Weisswein

1 TL Meersalz

½ Bund glatte Petersilie,
Blättchen abgezupft und gehackt

1 EL weisser Balsamessig, Gölles

2 EL Orangenöl
(Olivenöl mit Orangen aromatisiert)

« Zuviel Aufwand für eine Terrine? »
Gut zu wissen.

① Pulpo mit einem Nudelholz sanft weichklopfen. Arme abtrennen und in einen Vakuumbeutel legen. Chili, Lorbeer, Weisswein und Meersalz dazugeben und vakuumieren. Bei 85 °C 4 Stunden sous-vide garen.

② Pulpoarme aus dem Vakuumbeutel nehmen, Beutelinhalt in ein Sieb abgiessen, Fond auffangen.

③ Pulpoarme mit Petersilie längs in die mit Folie ausgekleidete Terrinenform drücken. Mit einem passenden Brettchen oder einer zweiten Form bedecken und mit Kabelbindern fest zusammenpressen. 4 Stunden kalt stellen.

④ Pulpofond auf etwa 50 ml einkochen. Reduktion durch ein Sieb passieren und mit weissem Balsamessig und Orangenöl aufmixen.

⑤ Pulpoterrine vor dem Anrichten aus der Form heben und mit der Aufschnittmaschine in dünne Scheiben schneiden.

Saiblingfilet

1 ganzer Saibling, 300–350 g

1 EL Meersalz

1 EL Zucker

1 TL Verveineblätter, abgezupft und gehackt

1 TL Thymianblättchen, abgezupft und gehackt

Zitronenöl
(Olivenöl mit Zitronen aromatisiert)

⑥ Meersalz, Zucker und Kräuter mischen. Saibling filetieren. Filets entgräten, enthäuten. Die Enden der Filets, ca. 60 g, für das Tatar abschneiden. Filets in 4 gleich grosse Stücke schneiden. Beidseitig mit der Salz-Zucker-Kräutermischung bestreuen. Mindestens 4 Stunden, besser über Nacht, im Kühlschrank marinieren.

⑦ Vor dem Anrichten Ofen auf 220 °C Umluft/Grill vorheizen. Ein Backblech mit Backpapier belegen und mit Zitronenöl bepinseln. Marinierte Filets mit der Hautseite oben auf das Backpapier legen und im vorgeheizten Ofen etwa 4 Minuten grillen.

Radieschen-Vinaigrette

1 Bund Radieschen, etwa 8 Stück

2 EL Traubenkernöl

1 EL Himbeeressig

1 Prise Kräutersalz

schwarzer Pfeffer aus der Mühle

8 Radieschen in kleine Würfelchen (Brunoise) schneiden. Übrige Zutaten für die Vinaigrette verrühren.

9 Unmittelbar vor dem Anrichten die Vinaigrette mit den Radieschen-Würfelchen mischen.

Saiblingtatar

Abschnitte der Saiblinge, ca. 60 g

1 ½ TL Limettensaft

¼ Chilischote, geschält, entkernt, fein gewürfelt

½ TL Fleur de Sel

1 Bundzwiebel, grüner Teil, klein geschnitten

¼ rote Zwiebel, geschält, klein geschnitten

1 TL gesalzene Kapern, gehackt

1 TL Thymian, Blättchen abgezupft und gehackt

weisser Pfeffer aus der Mühle

ausserdem zum Garnieren:

Limettenscheiben und Chilistreifen

10 Saiblingabschnitte klein schneiden, mit Limettensaft, Chilischote und Fleur de Sel mischen und zugedeckt im Kühlschrank 4 Stunden marinieren.

11 Marinierte Saiblingabschnitte in ein Sieb geben, leicht ausdrücken. Bundzwiebel, rote Zwiebel, Kapern und Thymian untermischen. Nachwürzen mit Pfeffer.

Salatsträusschen

1 mittelgrosser Zucchino

Salz

Olivenöl

weisser Pfeffer aus der Mühle

1 Mini-Lattich

½ Bund Schnittlauch

Himbeer-Vinaigrette, Rezept Seite 272

12 Zucchino beidseitig kappen, auf der Aufschnittmaschine längs in 3 mm dicke Scheiben schneiden, beidseitig salzen und etwa 30 Minuten Wasser ziehen lassen. Mit Küchenpaper trockentupfen. Beidseitig mit Olivenöl beträufeln und mit Pfeffer bestreuen.

13 Backofen auf 250 °C Grill vorheizen. Backblech mit Backpapier belegen. Zucchinischeiben darauf verteilen und 5 Minuten im vorgeheizten Ofen backen. Herausnehmen, Scheiben zu Röllchen aufrollen und in ein Muffinblech stellen.

14 4–6 Salatblätter mit einem Schnittlauchhalm zu einem Sträusschen anordnen und in das Zucchiniröllchen stecken. Mit Himbeer-Vinaigrette beträufeln.

Kohlrabisuppe **mit grünem** Spargel

1 weisse Zwiebel, geschält, klein geschnitten

1 Spross Stangensellerie, gewürfelt

1 kleiner Kohlrabi, geschält, klein geschnitten

30 g Butter

1 EL geschroteter Risottoreis

½ Liter Gemüsefond, Rezept Seite 270

1 Prise Zucker

2 kleine Prisen grüner Anis

Meersalz

50 ml Rahm

für die Einlage:

8 dünne Grünspargel aus der Region, in Scheibchen

Kräutersalz

aufgeschäumte Milch

⑮ Zwiebel, Stangensellerie und Kohlrabi in der Butter andünsten, geschroteten Reis zugeben, mit Gemüsefond ablöschen, mit Zucker, Anis und Meersalz würzen. Etwa 40 Minuten kochen. Suppe mixen, danach mit einer Kelle durch ein feines Sieb drücken, so dass möglichst viel Reisstärke passiert wird. Rahm zugeben, aufkochen und nachwürzen.

⑯ Für die Einlage Grünspargel in kochendem Salzwasser etwa 4 Minuten blanchieren, abgiessen und in einer Schüssel mit Kräutersalz leicht würzen.

⑰ Einlage vor dem Anrichten in wenig Kohlrabisuppe aufwärmen, in die Tässchen füllen, diese mit der Suppe zu drei Viertel füllen und mit Milchschaum bedecken.

Vorbereiten

⑥, ①, ⑩, ②, ③, ⑮, ⑯, ⑫, ⑬, ④, ⑧.

Fertigstellen

⑤: Pulpoterrine auf Teller auslegen.

⑪: Saiblingtatar in separaten Schälchen anrichten.

⑦, ⑨, ⑭: Saibling, Radieschen-Vinaigrette und Salatsträusschen neben die Pulpoterrine legen.

⑰: Suppe im Tässchen dazu servieren.

Steinpilze **mit Waldspargel**

800 g Steinpilze

1 Zwiebel, geschält, klein geschnitten

Petersilienstiele, grob geschnitten

5 Salbeiblätter, in Streifen geschnitten

12 kleine Tomaten, halbiert

2 EL Olivenöl

100 ml Gemüsefond, Rezept Seite 270

100 ml Weisswein

1 Bund Waldspargel

Fleur de Sel

weisser Pfeffer aus der Mühle

① Steinpilze putzen, in kochendem Salzwasser kurz blanchieren (verbessert die Verdaulichkeit und entfernt Sand), mit einer Drahtkelle herausnehmen und in einem Sieb abtropfen lassen. Abtropfwasser auffangen.

② Zwiebeln, Petersilienstiele, Salbei und Tomaten in 1 EL Olivenöl dünsten. Mit Gemüsefond, Weisswein und ein wenig Abtropfwasser von den Pilzen ablöschen. Etwa eine Stunde simmern lassen. Fond absieben und auf die Hälfte einkochen.

③ Waldspargel in kochendem Salzwasser einmal aufkochen, abgiessen und abtropfen lassen.

④ Pilze in 1 EL Olivenöl anbraten, mit Fleur de Sel und Pfeffer würzen. Waldspargel und Gemüse-Pilz-Fond zugeben. Mit Fleur de Sel und Pfeffer nachwürzen.

Spinatgnocchi

40 g Spinat

2 EL geröstete Pinienkerne

2 Eigelb

125 g Ricotta

90 g Parmesan, frisch gerieben

50 g Weissmehl

30 g Hartweizendunst oder Knöpflimehl

½ TL Kräutersalz

Muskatnuss, gerieben

schwarzer Pfeffer aus der Mühle

ausserdem:

Olivenöl, zum Einölen des Backbleches

2 EL Butter, zum Wenden

1 Handvoll junge Randen- oder Blutampferblätter, zum Garnieren

Parmesan, gehobelt

Steinpilze Spinat- gnocchi Wald- spargel

für 4 Menüportionen

⑤ Spinat waschen, klein schneiden und in einer heissen Sauteuse kurz zusammenfallen lassen. In ein Sieb geben und fest ausdrücken. Der Spinat sollte möglichst trocken sein. Spinat, Pinienkerne und Eigelbe im Cutter fein hacken. Mit restlichen Zutaten in eine Schüssel geben und zu einem festen Teig verarbeiten.

⑥ Aus dem Teig Rollen von knapp 1 cm Durchmesser formen, diese in 5 mm dicke Scheiben schneiden, kleine Kugeln formen und über einen Gabelrücken drehen.

⑦ Gnocchi in kochendem Salzwasser portionsweise garen und mit einer Drahtkelle herausnehmen, sobald sie an die Oberfläche steigen. Auf ein geöltes Kuchenblech legen, damit sie nicht kleben.

⑧ Gnocchi in heisser Butter wenden. Eventuell mit Pfeffer und Kräutersalz nachwürzen.

Vorbereiten

①–②, ⑤–⑦.

Fertigstellen

③, ④, ⑧; Gnocchi mit Steinpilzen und dem Waldspargel anrichten. Mit gehobeltem Parmesan bestreuen.

 **Warum Fleisch ruhen lassen?**
Gut zu wissen.

Angus-Hohrücken am Stück gebraten

1,5 kg Angus-Hohrücken (Hochrippe)

3 EL Olivenöl

4 EL fein gehackte Kräuter: Rosmarin, Majoran, Oregano, wenig Salbei

½ Bio-Zitrone, fein abgeriebene Schale

½ Bio-Orange, fein abgeriebene Schale

1 EL schwarze Pfeffermischung, Rezept Seite 273

Olivenöl, zum Anbraten

1 Rosmarinzweig

1 Salbeizweig

Fleur de Sel

ausserdem zum Garnieren:

Thymianzweige

① Kräuter mit Olivenöl, dem Abrieb der Zitrusfrüchte und Pfeffermischung im Mörser verreiben, Hohrücken mit der Marinade einreiben. Bei Raumtemperatur 3 Stunden zugedeckt marinieren.

② Ofen auf 170 °C Unter-/Oberhitze vorheizen. Fleisch in Olivenöl mit Kräuterzweigen rundum anbraten, mit Fleur de Sel salzen. Auf einem Gitter mit Auffangschale im vorgeheizten Ofen auf eine Kerntemperatur von 56 °C garen. Dauert etwa 40 Minuten. Ofen ausschalten, Braten bei geöffneter Ofentür 20–30 Minuten abstehen lassen. Die Kerntemperatur steigt während dieser Zeit auf etwa 62 °C.

Angus-Hohrücken Ratatouille Chimichurri

für 6 Menüportionen

Ratatouille

6 reife rote Tomaten

4 reife gelbe Tomaten

wenig Puderzucker

Fleur de Sel

2 Zitronenthymianzweige, Blättchen abgezupft

Olivenöl

1 Zwiebel, geschält, klein geschnitten

50 ml Weisswein

je 1 gelber und grüner Zucchino

1 gestreifte, violette Aubergine

je 1 gelbe und rote Peperoni

3 Basilikumzweige, Blättchen abgezupft, fein geschnitten

schwarze Pfeffermischung aus der Mühle, Rezept Seite 273

Den schön marmorierten Hohrücken vom Angusrind in der Auslage von Wolfgang Tekly darf man nicht liegen lassen. Den wollen wir im Ganzen braten. Bei einem so schön gelagerten Hohrücken darf es «e bitzeli» mehr sein, mehr als nur für 4 Personen. Denn das Fleisch lässt sich auch kalt geniessen, zum Picknick oder unter dem Sonnenschirm.

« Chimichurri, die Sauce des Jimmy McCurry »
Gut zu wissen.

③ Tomaten schälen, siehe Seite 267. Tomaten in Viertel schneiden. Kerne und Gelee entfernen und für den Tomatensugo verwenden. Ofen auf 120 °C Umluft vorheizen. Ein Blech mit Backpapier belegen. Tomatenfilets darauf verteilen, salzen, mit wenig Puderzucker und Zitronenthymian bestreuen, mit Olivenöl beträufeln, etwa 1 Stunde im vorgeheizten Ofen confieren.

④ Für den Sugo Zwiebeln in 2 EL Olivenöl dünsten, mit Weisswein ablöschen, Tomatenkerne und -gelee zugeben, langsam einkochen lassen. Sugo durch ein Sieb passieren.

⑤ Zucchini beidseitig kappen, längs in Viertel schneiden, Kerne entfernen, schräg in Stücke schneiden. Aubergine beidseitig kappen, schälen und in Würfel schneiden. Mit 1 TL Salz mischen, in einem Sieb 30 Minuten abtropfen lassen, leicht ausdrücken. Peperoni schälen und halbieren, Kerne entfernen, quer in Streifen schneiden.

⑥ Zucchini, Peperoni und Auberginen in kochendem Salzwasser 2 Minuten blanchieren, Gemüse mit der Drahtkelle herausnehmen und zum Sugo geben, etwa 30 Minuten köcheln lassen.

⑦ Zum Schluss confierte Tomaten und Basilikum unterrühren. Abschmecken mit Fleur de Sel, Pfeffer und einem Schuss Olivenöl.

Salsa Chimichurri

50 g Olivenöl

1 getrocknete rote Chilischote, zerrieben

1 rote Chilischote, entkernt, fein gewürfelt

2 Knoblauchzehen, geschält, fein gewürfelt

2 Schalotten, geschält, klein geschnitten

1 TL getrockneter Oregano

½ TL scharfes Paprikapulver

2 TL Fleur de Sel

2 EL Rotweinessig

2 Tomaten, geschält, klein geschnitten. Tomaten schälen, siehe Seite 267

schwarzer Pfeffer aus der Mühle

1 Bund glatte Petersilie, Blättchen abgezupft und gehackt

⑧ Olivenöl auf etwa 70 °C erwärmen. Chilischoten, Knoblauch, Schalotten, Oregano, Paprikapulver und Fleur de Sel zum Öl geben und verrühren. Zugedeckt 20 Minuten auf kleiner Stufe ziehen lassen. Mit restlichen Zutaten mischen.

« Weitere klassische Saucen für grosse, gebratene Fleischstücke (grand pièces) »
Gut zu wissen.

Vorbereiten

①, ③, ②, ④ – ⑥, ⑧.

Fertigstellen

⑦: Hohrücken nach der Abstehzeit aufschneiden und auf der Ratatouille mit Salsa Chimichurri anrichten. Mit Fleur de Sel bestreuen.

Im Licht des Frühsommers

Beeren
Pfirsich
Sauerrahmglace
Haselnuss-
Madeleines

für 8 Menüportionen

Sauerrahmglace

4 EL Zitronensaft

½ Bio-Zitrone, fein abgeriebene Schale

150 g Zucker

50 ml Rahm

1 Becher saurer Halbrahm, 500 g

2 EL Zitronenöl
(Olivenöl mit Zitronen aromatisiert)

① Zitronensaft, Zitronenschale und Zucker unter Rühren bei 60 °C auflösen. Restliche Zutaten mit dem Stabmixer unter den Zuckersirup mixen. Kaltstellen.

② Glacemasse vor dem Anrichten in der Eismaschine gefrieren lassen.

Pfirsichkompott

10 Tellerpfirsiche
(Saturniapfirsiche)

50 g Zucker

200–300 ml Moscato d'Asti

½ Vanilleschote «Tahiti»

Beerensüppchen

500 g verschiedene Beeren:
Erdbeeren, Stachelbeeren, Himbeeren, Brombeeren, Johannisbeeren

60 g Zucker

ca. 200 ml Moscato d'Asti

1–2 TL Tapiokamehl

ausserdem zum Garnieren:

Lavendelblüten, frisch, ungespritzt

③ Die schönere Hälfte der Beeren für die Einlage aussortieren. Restliche Beeren mit Zucker und Moscato aufkochen und auf niedriger Stufe ziehen lassen. Durch ein Sieb passieren, den Saft auffangen und etwas einkochen lassen. Tapiokamehl mit 1 EL Moscato glattrühren und davon so viel in den kochenden Saft rühren, bis er schön bindet. Zugedeckt auskühlen lassen.

④ Pfirsiche in kochendem Wasser 3 Minuten blanchieren, kalt abschrecken, Haut abziehen. Früchte halbieren, entkernen und in feine Spalten schneiden. Zucker, Moscato und abgestreiftes Vanillemark aufkochen, zugedeckt 10 Minuten ziehen lassen. Pfirsichspalten zugeben, aufkochen, von der Wärmequelle ziehen und erkalten lassen.

Haselnuss-Madeleines

75 g Butter

75 g Puderzucker

2 Eiweiss

40 g geröstete Piemonteser Haselnüsse,
geschält, frisch gerieben

30 g Weissmehl

1 TL Honig

weiche Butter, zum Einfetten der Förmchen

⑤ Backofen auf 180 °C Unter-/Oberhit-
ze vorheizen. Butter zerlassen und leicht
bräunen. Puderzucker sieben und mit
dem Eiweiss verrühren (nicht schaumig
schlagen). Butter, Nüsse, Mehl und Honig
unter die Eiweissmasse ziehen, abkühlen lassen. Teig in einen Spritzbeutel mit
glatter Tülle füllen und in die gebutterten
Madeleine-Förmchen spritzen. Im vorgeheizten Ofen 10–15 Minuten backen.

Vorbereiten
①, ③, ④, ⑤.

Fertigstellen
②: Beerensuppe in die Teller verteilen.
Die frischen Beeren (grössere halbieren)
sowie Pfirsichspalten darauf verteilen,
eine Kugel Glace darauf geben. Mit Lavendelblüten garnieren. Mit den Madeleines
servieren.

Im Licht des Frühsommers

Im Hoch-sommer

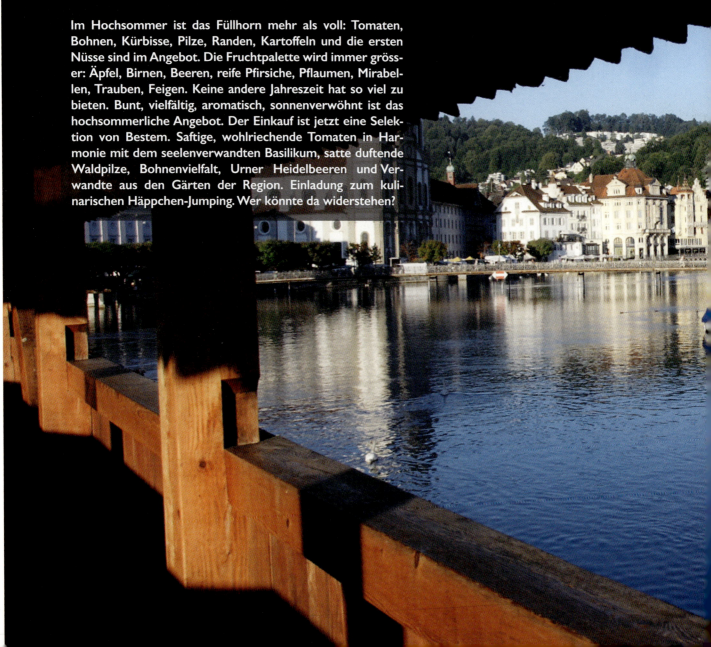

Im Hochsommer ist das Füllhorn mehr als voll: Tomaten, Bohnen, Kürbisse, Pilze, Randen, Kartoffeln und die ersten Nüsse sind im Angebot. Die Fruchtpalette wird immer grösser: Äpfel, Birnen, Beeren, reife Pfirsiche, Pflaumen, Mirabellen, Trauben, Feigen. Keine andere Jahreszeit hat so viel zu bieten. Bunt, vielfältig, aromatisch, sonnenverwöhnt ist das hochsommerliche Angebot. Der Einkauf ist jetzt eine Selektion von Bestem. Saftige, wohlriechende Tomaten in Harmonie mit dem seelenverwandten Basilikum, satte duftende Waldpilze, Bohnenvielfalt, Urner Heidelbeeren und Verwandte aus den Gärten der Region. Einladung zum kulinarischen Häppchen-Jumping. Wer könnte da widerstehen?

Zander, Melone,
Salicorne

Amuse-Bouche:
Pulpo Martinique,
Gurken Raita

Kalte Tomatensuppe,
Saibling, Grissini

Inspiriert

Peperoni, Waldpilze,
Zucchiniblüte,
Auberginenmousse

Beerenstrudel, Sommerfrüchte,
Zwetschgensorbet

Rehrücken, Cassis,
Aprikose, Knackerbsen

vom Markt

Pulpo Martinique

1 Pulpo, ca. 1 kg

3 Limetten, Saft

2 EL Olivenöl

1 rote Zwiebel, geschält, klein geschnitten

3 Knoblauchzehen, zerdrückt

2 Chilischoten, geschält, entkernt, fein gewürfelt

2 EL Tomatenpüree

Je 1 grüne und gelbe Peperoni, geschält, klein geschnitten

6 Tomaten (Peretti) geschält, klein geschnitten

1 EL Rohrohrzucker

1 Bund glatte Petersilie, Blättchen abgezupft und gehackt

3 Thymianzweige, Blättchen abgezupft und gehackt

Fleur de Sel

ausserdem zum Garnieren:

6 kleine Thai-Chili

« Chili schärfen »
Gut zu wissen.

Pulpo Martinique GurkenRaita

für 6 Menüportionen
(12 Pulpo-Nocken)

Gurken Raita

½ Gartengurke, fein gewürfelt

1 Becher Naturjoghurt, 200 g

2 Minzezweige, Blättchen abgezupft und gehackt

4 Korianderzweige, Blättchen abgezupft und gehackt

½ TL Kräutersalz

(6) Alle Zutaten mischen.

(1) Pulpo mit einem Nudelholz sanft weichklopfen. Arme abtrennen, in mittelgrosse Würfel schneiden und mit dem Saft von 2 Limetten beträufeln.

(2) Olivenöl in einem Suppentopf erhitzen, Zwiebel, Knoblauch und Chili beifügen und glasig dünsten. Tomatenpüree unterrühren, restliches Gemüse kurz mitdünsten. Pulpostücke dazu geben, aufkochen und auf mittlerer Stufe zugedeckt etwa 40 Minuten weich schmoren.

(3) Pulpostücke aus der Sauce heben. Sauce eindicken lassen, mit restlichem Limettensaft und Rohrohrzucker abschmecken. Pulpo fein hacken, gehackte Kräuter untermischen. Mit Fleur de Sel abschmecken. Kalt stellen.

(4) Aus der Masse mit zwei Esslöffeln Nocken formen.

(5) Für die Garnitur die Chilis vierfach aufschlitzen und ein paar Stunden in eiskaltes Wasser legen, dabei öffnen sie sich.

Vorbereiten
(5), (1) – (3), (6).

Fertigstellen
(4): Nocken auf der Gurken Raita anrichten.

Hochsommer

105

Zander
Melone
Salicorne

für 4 Menüportionen

Zanderfilets

ca. 200 g Zanderfilet, in 4 Portionen geschnitten

Zitronenöl (Olivenöl mit Zitronen aromatisiert)

1 Bio-Zitrone, davon 3–4 Schalenabriebe

4–6 Blättchen Zitronenverbene (Citronelle), gehackt

Fleur de Sel

weisser Pfeffer aus der Mühle

ausserdem zum Garnieren:

Paradieskörner (Guineapfeffer, Maniguettepfeffer)

Sumach

① Zander entgräten und mit 1 EL Zitronenöl, Zitronenschale und Zitronenverbene mischen. 1 Stunde zugedeckt marinieren.

② Ofen auf 220 °C Unter-/Oberhitze aufheizen. Backblech mit einer Backpapier auslegen, mit Zitronenöl einstreichen, Zanderfilets mit der Hautseite oben darauflegen. Im vorgeheizten Ofen 3–4 Minuten garen. Mit Fleur de Sel und Pfeffer leicht würzen.

Melonensalat

½ Jolly oder Cavaillon-Melone

für die Marinade:

1 EL weisser Balsamessig

1 Msp Harissa

2 Minzezweige, Blättchen abgezupft und gehackt

1 getrocknete Chilischote, zerrieben

½ Orange, Saft

1 EL Zucker

1 Prise Fleur de Sel

3 EL Arganöl oder Nussöl

③ Melone schälen und entkernen, Fruchtfleisch in Würfel schneiden. Für die Marinade alle Zutaten - ausser Arganöl - mischen und Melonenwürfeln beigeben. 1 Stunde marinieren.

④ Marinade absieben und auffangen, auf 2–3 EL einkochen, mit Arganöl aufmixen. Zwei Drittel der Marinade unter die Melonenwürfel mischen.

Salicorne

160 g Salicorne (Meeresbohnen)

2 EL Zitronenöl
(Olivenöl mit Zitronen aromatisiert)

Fleur de Sel

⑤ Salicorne in kleine Stücke brechen, in kochendem Salzwasser kurz blanchieren, abgiessen, erkalten lassen. Mit Zitronenöl mischen und mit Fleur de Sel abschmecken.

Vorbereiten
①, ③, ⑤.

Fertigstellen
④, ②: Salicorne in die Mitte der Teller legen, Melonenwürfel darauflegen, Zander dazulegen, rundum mit der restlichen, aufgemixten Marinade beträufeln. Freie Tellerfläche mit wenig zerstossenen Paradieskörnern sowie Sumach bestreuen.

Tomatensuppe, geeist

Tomatensuppe

1 kg Peretti-Tomaten

1 Bundzwiebel, klein geschnitten,
Grün und Weiss getrennt,
Grün zum Garnieren verwenden

1 Scheibe Toastbrot, ohne Rinde, gewürfelt

1 rote Chilischote, entkernt, fein gewürfelt

2 Knoblauchzehen, geschält, fein gewürfelt

1 Bund Basilikum, Blättchen abgezupft

1 TL Meersalz

2 EL Zitronenöl

Einlage Artischocken:

1 mittelgrosse Artischocke

1 EL Zitronensaft

Fleur de Sel

schwarzer Pfeffer aus der Mühle

Einlage Saiblingröllchen:

1 ganzer Saibling, ca. 350 g
(oder 2 Saiblingfilet)

Fleur de Sel

weisser Pfeffer aus der Mühle

1 Bund Basilikum, Blättchen abgezupft

ausserdem:

100 g Salatgurken, fein gewürfelt

Kalte Tomaten-suppe
Saibling
Grissini

für 4 Menüportionen

« Von roten und blauen Seesaiblingen »

Gut zu wissen.

① Tomaten schälen, siehe Seite 267. Tomaten würfeln. Tomaten, Bundzwiebeln, Toastbrot, Chili, Knoblauch und Basilikum mixen. Salzen, mit Zitronenöl abrunden. Kalt stellen.

② Artischocken rüsten, siehe Seite 267. Auf der Aufschnittmaschine in feine Scheiben schneiden, sofort mit Zitronensaft einreiben und mit Fleur de Sel und Pfeffer würzen. Bis zum Anrichten zugedeckt zur Seite stellen.

③ Saiblinge filetieren. Filets entgräten und längs halbieren. Würzen mit Fleur de Sel und Pfeffer. Hautseite mit Basilikumblättchen belegen und einrollen. Mit Zahnstochern fixieren. Auf ein mit Backpapier belegtes Blech legen.

④ Ofen auf 180 °C Unter-/Oberhitze vorheizen. Fischröllchen vor dem Anrichten im vorgeheizten Ofen etwa 4 Minuten garen. Mit Fleur de Sel bestreuen.

Origano-Grissini

1 EL Oregano getrocknet

⑤ Rezept und Zubereitung siehe Seite 277. Bei der Teigbereitung zusätzlich Oregano in den Teig mischen.

Vorbereiten
⑤, ①, ②, ③.

Fertigstellen
④: Suppe in Tässchen verteilen, mit den Gurkenwürfeln und fein geschnittenem Zwiebelgrün bestreuen. Marinierte Artischockenscheiben dazugeben. Saiblingröllchen darauflegen. Mit einem Grissino servieren.

Hochsommer

Peperoni
Waldpilze
Zucchiniblüte
Auberginen-mousse
für 4 Menüportionen

Pilzragout

12 mittelgrosse Kirschtomaten

600 g gemischte Waldpilze: Steinpilze, kleine Eierschwämme (Pfifferlinge)

2 Schalotten, geschält, klein geschnitten

1 EL Butter

1 TL Majoran, gehackt

1 EL glatte Petersilie, gehackt

Fleur de Sel

schwarzer Pfeffer aus der Mühle

1 EL weisser Balsamessig
(z.B. aus Trockenbeerenauslese)

① Ofen auf 120 °C Umluft vorheizen. Tomaten schälen, siehe Seite 267. Tomaten halbieren. Kerne und Gelee entfernen. Mit der Schnittfläche oben auf ein mit Backpapier belegtes Blech legen, wenig Fleur de Sel und Pfeffer aufstreuen und im vorgeheizten Ofen etwa 1 Stunde confieren.

② Weniger schöne Eierschwämme (total etwa 200 g) aussortieren, den unteren Teil der Steinpilzfüsse abschneiden. Aussortierte Pilze und Steinpilzfüsse klein hacken und für die Füllung der Peperoni verwenden.

③ Steinpilze in Stücke schneiden, die grösseren Eierschwämme von Hand zerteilen.

④ Vor dem Anrichten Schalotten in der Butter andünsten, Pilze zugeben und mitdünsten. Majoran und Petersilie untermischen. Sobald die Pilze Saft ziehen, in ein Sieb abgiessen und den Saft auffangen. In einem Pfännchen einkochen lassen. Pilze wieder zugeben, mit den confierten Tomaten mischen, mit Fleur de Sel, Pfeffer und weissem Balsamessig würzen.

Peperoni, mit Waldpilzen gefüllt

4 Mini-Peperoni

Kräutersalz

schwarzer Pfeffer aus der Mühle

1 Zwiebel, geschält, klein geschnitten

1 Knoblauchzehe, geschält, fein gewürfelt

1 EL Olivenöl

aussortierte Eierschwämme und Steinpilzfüsse vom Pilzragout

1 TL glatte Petersilie, gehackt

1 TL Thymian, gehackt

2 EL Cantadou aux 4 poivres

etwa 30 g Parmesan, frisch gerieben

weiche Butter, zum Einfetten der Gratinform

50 ml Gemüsefond, Rezept Seite 270

ausserdem zum Garnieren:

Kapuzinerkresseblüten

⑤ Peperoni längs halbieren. In kochendem Salzwasser kurz blanchieren. Abgiessen. Auf einem Küchenpapier trocknen. Peperonihälften mit Kräutersalz und Pfeffer würzen.

⑥ Zwiebeln und Knoblauch in Olivenöl andünsten, gehackte Pilze dazugeben, mitdünsten bis die Pilze trocken sind. Kräuter und Cantadou unterrühren. Pilz-Cantadou-Masse in die Peperoni-Hälften füllen, mit Parmesan bestreuen. Gefüllte Peperoni in eine gebutterte Gratinform legen, Gemüsefond angiessen.

⑦ Ofen auf 170 °C Umluft vorheizen. Peperoni etwa 10 Minuten vor dem Anrichten im vorgeheizten Ofen überbacken.

Zucchinblüten,
mit Auberginenmousse gefüllt

1 mittelgrosse Aubergine

1 TL Salz

Olivenöl

100 g Feta

1 EL Couscous

1 TL Raz-el-Hanout

½ TL Fleur de Sel

schwarzer Pfeffer aus der Mühle

4 männliche Zucchiniblüten

> « Auberginen lassen sich in der Küche vielfältig verwenden. Ein paar Ideen »
> *Gut zu wissen.*

8 Aubergine beidseitig kappen, schälen und in Würfel schneiden. Mit Salz mischen, in einem Sieb 30 Minuten abtropfen lassen, leicht ausdrücken.

9 Olivenöl in einer Bratpfanne erhitzen, Auberginen rührbraten. Auberginen und Feta im Cutter grob hacken. Rohes Couscous unterrühren. Würzen mit Raz-el-Hanout, Fleur de Sel und Pfeffer.

10 Stiel der Zucchiniblüten und Blütenstempel vorsichtig entfernen. Füllung in einen Spritzbeutel mit glatter Tülle füllen und in die geöffneten Blüten drücken. Auf ein mit Backpapier belegtes Blech legen und mit Olivenöl beträufeln.

11 Gefüllte Zucchiniblüten 10 Minuten vor dem Anrichten zusammen mit den gefüllten Peperoni im Ofen bei 170 °C Umluft überbacken.

Vorbereiten
1, 2–3, 5–6, 8–10.

Fertigstellen
4, 7, 11: Pilzragout auf Teller verteilen, gefüllte Peperoni und Zucchiniblüten darauf anrichten.

Hochsommer

Rehrücken

600 g Rehrücken, ausgelöst

1 TL rosa Pfefferkörner

4 Thymianzweige, Blättchen abgezupft
und gehackt

1 Bio-Orange,
davon 3–4 Schalenabriebe

Olivenöl

1 EL Gewürzsalz für dunkles Fleisch,
Rezept Seite 273

Fleur de Sel

① Rehrücken parieren. Parüren für den Cassis-Jus verwenden. Kräuter und Gewürze mit 2 EL Olivenöl im Mörser verreiben, Rehrücken mit der Marinade einreiben. 3 Stunden zugedeckt marinieren.

② Ofen mit einem Gitter und Auffangschale auf 150 °C Umluft vorheizen. Rehrücken mit Gewürzsalz würzen, in Olivenöl anbraten, auf das Gitter legen und etwa 10–15 Minuten nachziehen lassen.

Rehrücken Cassis
Knackerbsen
Aprikose

für 4 Menüportionen

Cassis-Jus

Parüren vom Rehrücken

1 EL Olivenöl, zum Anbraten

2 Schalotten, geschält, klein geschnitten

8 Samenkapseln roter Szechuanpfeffer, zerstossen

200 ml Rotwein

250 g schwarze Johannisbeeren (Cassis)

150 ml Bratenjus oder Kalbsfond dunkel, Rezept Seite 271

1 EL Zucker

1 getrocknete Chilischote, zerrieben

2 EL Aceto Balsamico

schwarzer Pfeffer aus der Mühle

Meersalz

1 EL kalte Butter

③ Rehparüren im Olivenöl anbraten. Schalotten mitdünsten, Szechuanpfeffer zugeben und mit der Hälfte des Rotweins ablöschen. Cassisbeeren zugeben und weichkochen. Bratenjus beifügen und auf mittlerer Stufe auf ein Drittel einkochen. Jus durch ein feines Sieb passieren.

④ Zucker mit der Chilischote karamellisieren, mit restlichem Rotwein und Balsamico ablöschen, zum Cassis-Jus geben und auf die gewünschte Konsistenz einkochen. Würzen mit schwarzem Pfeffer und Meersalz. Mit kalter Butter aufmixen.

Aprikosen, gebacken

2 Aprikosen, halbiert, entsteint

10 rosa Pfefferkörner

10 grüne Pfefferkörner

Je ½ EL Olivenöl und Butter, zum Anbraten

1 EL Arganöl oder Nussöl

⑤ Aprikosen mit zerstossenem Pfeffer etwa 1 Stunde marinieren. Aprikosen in Olivenöl-Butter-Mischung beidseitig kurz anbraten. Auf ein mit Backpapier belegtes Blech legen, mit Arganöl einpinseln.

⑥ Ofen auf 180 °C Unter-/Oberhitze vorheizen. Aprikosen 10 Minuten vor dem Anrichten im vorgeheizten Ofen kurz backen. Falls die Aprikosen unmittelbar vor dem Anrichten gebraten werden, kann dieser Schritt weggelassen werden.

Vorbereiten
①, ⑤, ③–④, ⑦.
Fertigstellen
②, ⑥, ⑧: Aprikosen mit der Schnittfläche oben auf den Teller setzen, mit Cassis-Jus umgiessen. Erbsen dazulegen. Fleisch aufschneiden und auf die Aprikosen legen. Fleur de Sel aufstreuen.

« **Knackerbsen,** eine zarte und süsse Gemüsezüchtung, die noch viel zu wenig bekannt ist »

Gut zu wissen.

Nussige Knackerbsen

300 g Knackerbsen

50 g geröstete Piemonteser Haselnüsse, geschält, zerdrückt

Butter

Fleur de Sel

schwarzer Pfeffer aus der Mühle

⑦ Stielansatz der Knackerbsen abschneiden. Knackerbsen in Stücke schneiden und in kochendem Salzwasser etwa 3 Minuten blanchieren, kalt abschrecken, abtropfen lassen.

⑧ Knackerbsen mit den Haselnüssen im Wok in etwas Butter dünsten. Würzen mit Fleur de Sel und Pfeffer.

Beerenstrudel
Sommerfrüchte
Zwetschgensorbet

für 8 Menüportionen

Strudelteig

180 g Weissmehl

1 EL Zitronenöl
(Olivenöl mit Zitronen aromatisiert)
und wenig Öl zum Bestreichen des Teiges

ca. 60 g Wasser

½ Ei, verquirlt (30 g)

je 1 Prise Salz und Zucker

1 TL Apfelessig
(damit lässt sich der Teig leichter ziehen)

① Mehl zu einem Kranz formen. Alle Zutaten in die Mitte geben und zu einem glatten Teig verarbeiten. 10 Minuten kneten, eine Kugel formen, mit Zitronenöl bestreichen und mit Folie bedeckt an einem warmen Ort 2 Stunden ruhen lassen. Der Strudelteig kann gut eingefroren werden.

Strudel, Heidelbeer-Nussfüllung

190 g Bergheidelbeeren

100 g Biskuits, zerbröselt

40 g Haselnüsse, geschält, gehackt

40 g Weissbrot und Biskuit, gemischt

1 EL Zucker

1 EL Heidelbeer-Grappa

ca. 100 g geschmolzene Butter

Puderzucker, zum Bestreuen

② Heidelbeeren mit den Biskuits mischen und 1 Stunde stehen lassen. Haselnüsse mit Weissbrot und Biskuit cuttern und mit 1–2 EL geschmolzener Butter, Zucker und dem Grappa mischen.

③ Teig auf einem bemehlten Tuch zu einem grossen Rechteck ausrollen. Teig mit etwas Zitronenöl einpinseln, vom Rand her ausziehen. Mit bemehlten Händen unter den Teig fassen. Diesen gleichmässig über beide Handrücken von innen nach aussen ausziehen, bis er durchscheinend dünn ist. Strudelteig wieder auf das Tuch legen, rechteckig ziehen. Dicke Ränder abschneiden.

④ Erst die Haselnuss-, dann die Heidelbeer-Biskuitmischung gleichmässig dem breiten Rand entlang verteilen, die freie Fläche des Teiges mit flüssiger Butter einpinseln. Das Tuch anheben, so dass sich der Strudel von selber einmal einrollt. Strudel in gleicher Weise noch zwei weitere Male einrollen. Enden zusammendrehen, überschüssigen Teig wegschneiden. Strudel auf ein mit Backpapier belegtes Kuchenblech legen. Mit flüssiger Butter einpinseln.

⑤ Ofen auf 190 °C Umluft vorheizen. Strudel mit Puderzucker bestreuen. Etwa 30 Minuten backen.

Sommerfrüchte

2 Tellerpfirsiche, (Saturniapfirsiche)

Zucker

8 Reineclauden

16 Mirabellen

6 EL Süsswein, Moscato d'Asti oder
Sauvignon blanc

wenig Limettensaft

ausserdem zum Garnieren:

Heidelbeeren, Himbeeren, Brombeeren
und Minzeblättchen

Fenchelfond

4 Fenchel

2 kleine Äpfel

80 g Zucker

2 TL Tapiokamehl

50 ml Süsswein

4 Zitronenverbeneblättchen

1 Limette, Saft

Pernod

(6) Tellerpfirsiche in ½ l Wasser mit 1 EL Zucker kurz blanchieren, schälen, halbieren, entsteinen. Hälften in Viertel schneiden, in Vakuumbeutel legen, 2 El Süsswein zugeben und vakuumieren.

(7) Reineclauden und Mirabellen halbieren, entsteinen, jeweils separat mit 2 EL Zucker, 2 EL Süsswein und einem Spritzer Limettensaft in Vakuumbeutel legen und vakuumieren. Reineclauden 25 Minuten, Mirabellen 45 Minuten, Pfirsiche 50 Minuten bei 65 °C sous-vide garen.

(8) Sommerfrüchte im Fenchelfond anrichten.

(9) Fenchel und Äpfel in einer Entsafterzentrifuge entsaften (ergibt etwa 600 ml Saft).

(10) Zucker leicht karamellisieren, mit Fenchelsaft ablöschen und auf die Hälfte einkochen. Aufschwimmendes Gemüse-Eiweiss abschöpfen.

(11) Tapiokamehl mit dem Süsswein anrühren, unter den Fond rühren und aufkochen. Zitronenverbene beifügen und kurz ziehen lassen. Mit Limettensaft sowie einem Spritzer Pernod abschmecken.

Zwetschgensorbet

500 g Zwetschgen

160 g Zucker

(12) Zwetschgen halbieren, Stein entfernen. Früchte mit dem Zucker mischen und 30 Minuten stehen lassen. Zwetschgen kochen, bis sie weich sind. Pürieren und durch ein Sieb streichen. 4 EL Zwetschgenpüree für die Zwetschgensauce beiseite stellen. Rest kalt stellen.

(13) Restliches Zwetschgenpüree in der Eismaschine zu Sorbet gefrieren lassen.

Zwetschgensauce

4 EL Zwetschgenpüree

4 TL Heidelbeer-Grappa

(14) Zwetschgenpüree und Heidelbeer-Grappa zusammen verrühren.

Vorbereiten

(1), (12), (2)–(4), (6)–(7), (9)–(11), (14).

Fertigstellen

(13), (5), (8): Strudel aufschneiden, auf einem Streifen Zwetschgensauce anrichten und mit ein paar Heidelbeeren garnieren. Gegarte Sommerfrüchte im vorbereiteten Fenchelfond anrichten. Zuletzt eine Kugel Zwetschgensorbet darauflegen und mit Beeren und Minzeblättchen garnieren.

Und ewig lockt der Sommer

Der Sommer ist noch nicht zu Ende. Wir füllen die Markttaschen mit allem, was uns das Füllhorn ausschüttet. Mit dem September kündigt sich der Herbst schrittweise an. Ein Monat, der Farbe nicht nur in die Natur zaubert, sondern auch in das Angebot auf den Markttischen. Im saisonalen Obst- und Gemüseangebot präsentieren sich jetzt die Früchte der herbstlichen Ernte. Die sommerlichen, regionalen Freilandgemüse sind jetzt vollreif. Tomaten, Auberginen und eine bunte Farbpalette von Peperoni stehen in Konkurrenz zu goldgelben und roten Kürbissen. Lauch, Wirsing, Waldpilze und Wurzelgemüse beginnen sich in den Vordergrund zu drängen. Einige Beeren und Früchte haben sich zurückgezogen, um andern Platz zu machen. Zwetschgen, Mirabellen, Pflümli und Brombeeren stehen jetzt im Mittelpunkt. Äpfel, Birnen und Trauben runden das fruchtige Angebot ab, bereiten den kulinarischen Herbst nach und nach vor. Auf dem Markt lässt sich schmecken, fühlen, riechen, eine überaus sinnliche Angelegenheit.

Frühmorgens gehen wir zuerst an den Marktstand des Berufsfischers Nils A. Hofer unter der Egg.

Schöne Balchen und Seesaiblinge aus dem Vierwaldstättersee dürfen mit. Dazu zwei frisch gelieferte Oktopusse. Die stammen natürlich nicht aus dem Vierwaldstättersee, bereichern aber das Menü. Danach geht es zum Fleisch. Bei den schönen Lammracks von Wolfgang Tekly greifen wir zu. Nebenan bei Spielhofer gibt's schöne Beeren.

1

Amuse-Bouche:
Pulpo, Tomatensuppe, Grissini

2

Felchen, Tomaten,
Kresseschaum

3

Pilz-Cannelloni,
Peperoni, Steinpilze

2

Inspiriert

3

vom Markt

4

5

6

4
Gamswurst,
Eierschwämme, Wirz

5
Lammrack, Minzsauce,
Hülsenfrüchte

6
Johannisbeerbaiser,
Lavendelglace, Beeren, Süssmost

Pulpo
Tomatensuppe
Grissini

für 6 Menüportionen

Pulpo, mariniert

1 Pulpo, ca. 1 kg

2 Lorbeerblätter

½ EL schwarze Pfefferkörner, zerstossen

100 ml Weisswein

1 Spross Stangensellerie, grob geschnitten

1 TL Meersalz

ausserdem zum Garnieren:

Zitronenscheiben und Gartenkresse

für die Marinade:

4 Ramiro-Peperoni, geschält, entkernt,
klein gewürfelt

2 EL Taggiasca-Oliven, entsteint,
fein gehackt

1 Bundzwiebel, grüner Teil, klein geschnitten

1 Schalotte, geschält, klein geschnitten

2 EL weisser Balsamessig, Gölles

4 EL Zitronenöl
(Olivenöl mit Zitronen aromatisiert)

Fleur de Sel

weisser Pfeffer aus der Mühle

1 Handvoll Salicorne, abgezupft

« Pulpo weichklopfen? »
Gut zu wissen.

Tomatensuppe, geeist

800 g Aroma-Tomaten (Pendolini)

4 gelbe Tomaten

2 Bundzwiebeln, weisser Teil, klein geschnitten

1 Scheibe Toastbrot, ohne Rinde, gewürfelt

1 EL Olivenöl

1 Prise Zucker

Meersalz

schwarzer Pfeffer aus der Mühle

6 Basilikumblättchen, in Streifen geschnitten

① Pulpo mit einem Nudelholz sanft weichklopfen. Arme abtrennen. Reichlich Wasser in einem grossen Topf aufkochen. Pulpoarme mit allen Zutaten hineingeben und mindestens 45 Minuten kochen. Saugnäpfe an den Pulpoarmen unter fliessendem Wasser abreiben und Arme in kleine Scheiben schneiden.

② Zutaten für die Marinade verrühren, ausgenommen die Salicorne. Pulposcheiben mit der Marinade mischen. Mit Fleur de Sel und Pfeffer würzen. Mindestens 3 Stunden ziehen lassen.

③ Salicorne 2–3 Minuten in kochendem Salzwasser blanchieren. Unmittelbar vor dem Anrichten mit dem marinierten Pulpo mischen.

④ Alle Tomaten schälen, siehe Seite 267. Gelbe Tomaten in Viertel schneiden, Kerne und Gelee entfernen und beiseite stellen, Fruchtfleisch in kleine Würfel schneiden. Kalt stellen. Rote Tomaten grob würfeln und mit Kernen und Gelee der gelben Tomaten mischen. Bundzwiebeln, Toastbrot und Olivenöl zugeben und kalt stellen.

⑤ Suppe vor dem Anrichten fein mixen, durch ein Sieb passieren, mit Zucker, Salz und Pfeffer abschmecken. Basilikum und gelbe Tomatenwürfelchen zur Suppe geben.

Grissini

⑥ Rezept und Zubereitung siehe Seite 277.

Vorbereiten
①, ⑥, ②, ④.

Fertigstellen
③, ⑤: Pulpo und Tomatensuppe in separaten Gläschen servieren. Grissini dazwischen legen.

Felchen
Tomaten
Kresseschaum

für 4 Menüportionen

Felchenfilets

250–300 g Balchenfilet (Felchen)

1 Knoblauchzehe, geschält, fein gewürfelt

1 EL Zitronenöl
(Olivenöl mit Zitronen aromatisiert)

½ TL rosa Pfefferkörner

½ TL Korianderkörner

Fleur de Sel

ca. 100 ml Olivenöl

① Felchenfilets in 4 Portionen schneiden. Knoblauch, Zitronenöl und die Gewürze im Mörser verreiben und mit der Marinade die Felchenfilets einstreichen. Im Kühlschrank 3 Stunden zugedeckt marinieren.

② Olivenöl in eine passende Gratinform geben und im Ofen auf eine Öltemperatur von 60 °C erwärmen.

③ Fischfilets ins vorgewärmte Olivenöl legen und im Ofen 30 Minuten im Ofen bei 60 °C confieren. Salzen mit Fleur de Sel.

Basilikumtomätchen

12 Cherrytomaten

1–2 EL Olivenöl

½ TL Fleur de Sel

Puderzucker

1 Handvoll Taggiasca-Oliven, entsteint

1 Basilikumzweig, Blättchen abgezupft

ausserdem zum Garnieren:

Basilikum

④ Ofen auf 95 °C Umluft vorheizen. Tomaten schälen, siehe Seite 267. Auf ein mit Backpapier belegtes Blech legen. Mit Olivenöl beträufeln, mit Fleur de Sel salzen und mit Puderzucker leicht bestäuben. Im vorgeheizten Ofen etwa 90 Minuten confieren.

⑤ In einer heissen Pfanne etwas Confieröl der Balchen erhitzen, die confierten Tomaten und Oliven darin erwärmen und das in Streifen geschnittene Basilikum unterrühren.

Kresseschaum

300 ml Fischfond, siehe Seite 269

2 Handvoll Gartenkresse

2 EL Butter

Salz

weisser Pfeffer aus der Mühle

⑥ Fischfond auf etwa die Hälfte einkochen, würzen. Erkalten lassen.

⑦ Gartenkresse und Fischfond fein mixen. Mit Butter erwärmen, mit dem Stabmixer aufschäumen. Würzen mit Salz und weissem Pfeffer.

Vorbereiten
①, ②, ④, ⑥.
Fertigstellen
③, ⑤, ⑦: Cherrytomaten und Oliven auf dem Kresseschaum anrichten. Felchenfilet im letzten Moment aus dem Öl nehmen, auf Küchenpapier kurz abtropfen lassen und auf die Tomaten legen.

Pilz-Cannelloni
Peperoni Steinpilze

für 4 Menüportionen

Cannelloni, grün

Teig

200 g Weissmehl

100 g Eigelb (von 5 Eiern)

200 g frischer Blattspinat

2–3 EL Wasser nach Bedarf

① Aus dem Spinat das Blattgrün extrahieren, Rezept siehe Seite 275. Blattgrün mit Mehl und Eigelb zu Pastateig verarbeiten, siehe Seite 275.

Cannellonifüllung mit Waldpilzen

300 g gemischte Marktpilze: Pfifferlinge, Kraterellen

1 Bundzwiebel, klein geschnitten

1–2 EL Butter

1 EL Tartufata (italienische Trüffelzubereitung aus Sommertrüffeln, Trüffelaroma und Champignons)

2 EL Rahm

1 Scheibe Toastbrot, gewürfelt

½ Bund glatte Petersilie, Blättchen abgezupft und gehackt

Meersalz

schwarzer Pfeffer aus der Mühle

ausserdem:

wenig Parmesan, zum Bestreuen des Backbleches

《 Wozu Pilze blanchieren? 》
Gut zu wissen.

② Pilze putzen, grosse von Hand zerteilen. Pilze portionsweise in einem Sieb in kochendem Salzwasser ein paar Sekunden blanchieren, kalt abschrecken und auf Küchenpapier sehr gut abtropfen lassen. Eventuell grob hacken. Toastbrotwürfel in wenig Butter rösten.

③ Bundzwiebeln und Pilze in Butter andünsten. Tartufata und Petersilie zugeben, mit Salz und Pfeffer abschmecken, Rahm und Toastbrotwürfel zugeben und weiterdünsten, bis die Pilze gar sind. Die stückige Masse erkalten lassen.

④ Backblech mit Backpapier belegen und mit Parmesan bestreuen. Etwa 50 g Teig in der Nudelwalze dünn auf Walzenbreite ausrollen. 8 etwa 10 cm breite Rechtecke schneiden. Diese in kochendem Salzwasser kurz blanchieren. In kaltem Wasser abschrecken. Anhaftendes Wasser von Hand abstreifen und die Stücke auf das Blech legen. Die Füllung gleichmässig auf die Schmalseite der Teigstücke verteilen und zu 8 Cannelloni rollen.

⑤ Ofen auf 180 °C Unter-/Oberhitze vorheizen. Cannelloni etwa 10 Minuten im vorgeheizten Ofen überbacken.

Peperonicoulis

2 Peperoni

1 Schalotte, geschält, klein geschnitten

1 Knoblauchzehe, geschält, fein gewürfelt

½ rote Chilischote, entkernt,
in Streifen geschnitten

Olivenöl

100 ml heller Kalbsfond, siehe Seite 271

Zucker

Kräutersalz

ausserdem:

Oreganozweige, zum Garnieren

2 EL Rahm, zum Zeichnen des Coulis

(6) Peperoni in Viertel schneiden, Stielansatz und Kerne entfernen, auf ein mit Backpapier belegtes Backblech legen und mit wenig Olivenöl beträufeln. Bei 250 °C backen, bis die Haut braun-schwarze Blasen wirft. Herausnehmen und unter einem feuchten Tuch abkühlen lassen. Anschliessend die Haut abziehen. Zusammen mit Schalotte, Knoblauch und Chilischote in Olivenöl dünsten, mit Kalbsfond ablöschen, 5 Minuten kochen. Mit einem Stabmixer fein mixen, durch ein Sieb passieren, mit Zucker und Kräutersalz abschmecken.

«Wie prüft man Steinpilze?»
Gut zu wissen.

Steinpilze, gebraten

2 mittelgrosse Steinpilze, halbiert

1 EL Olivenöl

Fleur de Sel

schwarzer Pfeffer aus der Mühle

½ Bund glatte Petersilie,
Blättchen abgezupft und gehackt

(7) Pilze putzen, den unteren Teil der Füsse abschneiden und anderweitig, z.B. für die Gamswurst verwenden.

(8) Vor dem Anrichten die Steinpilze in eine Bratpfanne mit wenig Olivenöl langsam beidseitig anbraten, würzen mit Fleur de Sel und Pfeffer. Mit Petersilie bestreuen.

Vorbereiten
(1), (2)–(4), (6), (7)

Fertigstellen
(5), (8): Cannelloni auf dem Peperonicoulis anrichten. Coulis mit dem Rahm zeichnen. Steinpilze dazulegen

Und ewig lockt der Sommer

Gamswurst

Schweinsbratwurstdarm, Kaliber 28/30 (vom Metzger)

1 EL schwarzer Tellicherry-Pfeffer

1 EL weisser Sarawak-Pfeffer

1 EL Paradieskörner (Maniguette, Guinea-Pfeffer)

2 EL Wacholderbeeren, gehackt

350 g Schweinehals

330 g Kalbfleisch, Huft

1 kg Gamsschenkelfleisch (alternativ: Rehschenkel)

300 g Lardo di Colonnata

1 kleiner Wirz, davon 3 grosse Wirzblätter, gehackt

120 g Zwiebeln, geschält, klein geschnitten

100 g Kraterellen, grob gehackt

2 EL Olivenöl

100 ml Wildfond, Rezept Seite 272

1 TL Paprikapulver

3 EL glatte Petersilie, gehackt

1 EL Estragon, gehackt

1 EL Thymian, gehackt

3–4 EL Gewürzsalz für dunkles Fleisch, Rezept Seite 273

Trüffelsaft von einem konservierten Trüffel

300 g Rahm, gekühlt

1 Rigi-Trüffel, (Burgundertrüffel) konserviert, fein gewürfelt

5 Steinpilzfüsse oder ein Steinpilz, fein gewürfelt

2–3 EL Portwein, zum Nachwürzen

Je 1 EL Olivenöl und Butter, zum Anbraten

100 ml Wildfond, zum Glacieren

Gamswurst
Eier-
schwämme
Wirz

für 4 Menüportionen & etwa 20 Würste

« Würste selber machen »
Gut zu wissen.

In der ersten Septemberwoche beginnt im Bündnerland die Hochjagd. Ein Gamsschenkel hat sich zu uns verirrt. Willkommene Abwechslung zu Rehen und Wollschweinen. Eine Wurstmaschine ist gefrässig und gibt sich mit 4 Würstchen nicht zufrieden.

① Schweinsbratwurstdarm in kaltem Wasser wässern. Gewürze (Pfeffer und Wacholder) mörsern.

② Fleisch und Lardo 2 cm gross würfeln, mit der Hälfte der Gewürze sowie der Petersilie mischen.

③ Wirzblätter, Zwiebeln und Kraterellen in Olivenöl andünsten, ablöschen mit dem Wildfond. Restlichen Pfeffer und Wacholder, Paprika, Kräuter und Gewürzsalz untermischen. Trüffelsaft zugeben und alles stark einkochen. Noch warm unter die Fleischmasse mischen. Masse mindestens 1 Stunde kalt stellen, wovon die letzten 10 Minuten im Tiefkühlfach. Gekühlten Rahm unter das Fleisch mischen.

④ Fleischmasse durch die grobe Lochscheibe des Fleischwolfs drehen. Trüffelbrunoise und Steinpilzwürfel untermischen. In der Küchenmaschine mit einem Flachschläger (K-Haken) rühren, bis die Masse bindet. Einen Testbratling braten. Eventuell nachwürzen mit Gewürzsalz und einem Schuss Portwein.

⑤ Wurstdarm über den mittleren Wursttrichter stülpen. Maschine für die Wurstfüllung vorbereiten und etwa 10 cm lange Würste formen.

⑥ Würste in Olivenöl-Butter-Mischung langsam anbraten bis sie leicht Farbe annehmen. Bratfett mit Küchenpapier auftupfen. Würste warm stellen. Bratfond mit etwas Wildfond ablöschen, zu Glace einkochen und die Würste darin wenden.

« **Lardo di Colonnata,**
der Speck aus
dem Marmorsarkopharg »
Gut zu wissen.

Eierschwämme mit Wirz

400 g kleine Eierschwämme (Pfifferlinge)

restlicher Wirz, vom Wursten

1 EL Olivenöl

1 TL Kräutersalz

schwarzer Pfeffer aus der Mühle

⑦ Eierschwämme putzen und kurz in kochendem Wasser blanchieren, mit der Drahtkelle herausnehmen und in einem Sieb abtropfen lassen. Das Abtropfwasser auffangen.

⑧ Restlichen Wirz in Streifen schneiden und in Olivenöl dünsten. Blanchierte Eierschwämme untermischen und mitdünsten. Würzen mit Kräutersalz und schwarzem Pfeffer. Nach Bedarf wenig Pilzabtropfwasser zugeben.

Vorbereiten
①–⑤, ⑦.

Fertigstellen
⑥, ⑧: Würste auf dem Pilz-Gemüse anrichten.

Lammrack
Minzsauce
Hülsen-früchte

für 6 Menüportionen

Lammkoteletts

3 Lammracks (mindestens 12 Stielknochen)

1 EL schwarze Pfeffermischung, Rezept Seite 273

1 EL arabisches Alltagsgewürz, Rezept Seite 273

2 EL Rosmarinnadeln, fein gehackt

1–2 EL Orangenöl
(Olivenöl mit Orangen aromatisiert)

Fleur de Sel

Je 1 EL Olivenöl und Butter, zum Anbraten

2 EL grobkörniger Senf

ausserdem zum Garnieren:

Thymianzweige

① Gewürze und Rosmarin mit Orangenöl im Mörser verreiben, parierte Lammracks mit der Marinade einreiben. 3 Stunden zugedeckt marinieren.

② Ofen mit einem Gitter und Auffangschale auf 160 °C Unter-/Oberhitze vorheizen. Lammracks mit Fleur de Sel salzen und in Olivenöl-Butter-Mischung anbraten. Auf das Gitter legen und während etwa 10 Minuten auf eine Kerntemperatur von 56 °C braten. Herausnehmen.

③ Ofen auf 235 °C Grill aufheizen. Aussenseite der Racks mit Senf bestreichen. Mit der in Scheiben geschnittenen Kräuterkrustenmasse belegen und im Ofen kurz gratinieren. 5 Minuten abstehen lassen.

Kräuterkruste

80 g Butter

2 Knoblauchzehen, geschält, fein gewürfelt

1 Bund glatte Petersilie,
Blättchen abgezupft und fein gehackt

2 Rosmarinzweige, Nadeln abgestreift
und fein gehackt

1 Bund Thymian, Blättchen abgezupft
und fein gehackt

50 g weisse Brotbrösel

Fleur de Sel

schwarze Pfeffermischung aus der Mühle,
Rezept Seite 273

edelsüsses Paprikapulver

④ Knoblauch und Kräuter in 3 EL Butter andünsten. Restliche Butter zugeben und mit den Bröseln zu einer klumpenden Masse rühren. Würzen mit Fleur de Sel, Pfeffer und Paprika. In Folie einrollen und im Kühlschrank kalt stellen.

Minzsauce

3 EL Zucker

2 Schalotten, geschält, klein geschnitten

50 ml weisser Balsamessig

3 Minzezweige, Blätter abgezupft

200 ml Bratenjus oder Kalbsfond dunkel, Rezept Seite 271

1 TL Paradieskörner (Maniguettepfeffer, Guineapfeffer), zerstossen

Meersalz

3 Minzezweige, Blätter abgezupft, gehackt

2 EL kalte Butter

⑤ Zucker leicht karamellisieren, Schalotten zugeben, kurz glacieren, mit weissem Balsamessig ablöschen. Ganze Minzblätter zugeben, Flüssigkeit auf 2–3 EL einkochen. Bratenjus und die Paradieskörner zugeben, auf die Hälfte einkochen. Durch ein feines Sieb passieren. Salzen.

⑥ Vor dem Anrichten Minzejus aufkochen, Jus teilen. Eine Hälfte mit gehackter Minze und kalter Butter aufmixen.

Hülsenfrüchte-Allerlei

300 g Erbsenschoten

300 g Butterbohnen (Wachsbohnen)

300 g Kefen (Zuckererbsen)

1 EL Butter

2 EL Doppelrahm

Kräutersalz

weisser Pfeffer aus der Mühle

⑦ Erbsen aus den Schoten streifen, bei Kefen und Bohnen den Stielansatz abschneiden und schräg halbieren, in kochendem Salzwasser nacheinander blanchieren und kalt abschrecken.

⑧ Vor dem Anrichten abgetropfte Erbsen, Kefen und Bohnen im Wok in Butter dünsten, Doppelrahm unterrühren. Mit Kräutersalz und Pfeffer würzen.

Vorbereiten
①, ④, ⑤, ⑦.

Fertigstellen
②, ③, ⑥, ⑧: Lammrack tranchieren. Auf dem Gemüse anrichten und mit beiden Saucen zeichnen.

Johannisbeer-
baiser
Lavendelglace
Beeren
Süssmost

für 8 Menüportionen & etwa 20 Johannisbeerchüechli

Lavendelglace

250 ml Milch

150 ml Rahm

1 Vanilleschote «Tahiti»

1 EL Lavendelblüten, frisch, ungespritzt

3 Eigelb

125 g Zucker

ausserdem zum Garnieren:

Je 1 Handvoll Walderdbeeren und halbierte Mini-Kiwis

① Milch und Rahm mit aufgeschnittener Vanilleschote und Lavendelblüten aufkochen. Zugedeckt mindestens 30 Minuten ziehen lassen. Durch ein Sieb passieren. Eigelbe und Zucker schaumig schlagen. Milch-Rahm nochmals aufkochen und unter die Eigelbe rühren. Auf kleiner Stufe oder über einem Wasserbad (siehe Seite 267) unter Rühren pochieren, bis die Masse bindet. Die Creme darf auf keinen Fall zu kochen beginnen. Unter Rühren auskühlen lassen.

② Masse in der Eismaschine zu Glace gefrieren lassen.

Johannisbeer-Meringue-Chüechli

1 Schale Johannisbeeren, 250 g, entstielt

80 g weiche Butter

75 g Zucker

1 Prise Salz

1 Tropfen Bittermandelaroma

50 g Vollei (1 Ei) zimmerwarm, aufgeschlagen

85 g Weissmehl

1 TL Backpulver

40 g Mandeln, geschält, gerieben

1 EL Grand Marnier

weiche Butter und Mehl, zum Einfetten und Bemehlen der Förmchen

für die Baisermasse (Meringue):

1 Eiweiss

1 Spritzer Zitronensaft

1 Prise Salz

60 g Zucker

③ Butter mit Zucker, Salz und Mandelaroma schaumig schlagen. Das Ei langsam darunter schlagen. Mehl mit Backpulver mischen, auf die Buttermasse sieben und unterheben. Zum Schluss Mandeln und Grand Marnier unter den Teig rühren.

④ Ofen auf 180 °C Unter-/Oberhitze vorheizen. Silikon-Muffinförmchen ausbuttern, bemehlen. Teig bis auf drei Viertel Höhe in die Förmchen füllen. Johannisbeeren darauf verteilen. Chüechli im vorgeheizten Ofen 20 Minuten backen. Etwas auskühlen lassen. Chüechli aus den Formen stürzen und auf ein mit Backpapier belegtes Kuchenblech setzen.

⑤ Ofen auf 200 °C Grill aufheizen. Eiweiss mit Zitronensaft und Salz steif schlagen. Zucker löffelweise zugeben und weiterschlagen, bis der Eischnee einen schönen Glanz hat.

⑥ Meringuemasse auf die Chüechli verteilen. Im Ofen etwa 4 Minuten überbacken.

Brombeercoulis

100 g Brombeeren

20 g Puderzucker

2 EL Marsala superiore

⑦ Alle Zutaten mit dem Stabmixer pürieren und durch ein feines Sieb streichen.

Süssmostcreme

30 g Apfelwürfelchen

250 ml Süssmost

2 Eigelb

30 g Zucker

2 EL Cremepulver

2 EL Süssmost

150 g Schlagrahm

⑧ Apfelwürfelchen mit Süssmost kochen, bis sie weich sind. Mit dem Stabmixer pürieren. Eigelbe mit Zucker schaumig schlagen. Cremepulver mit 2 EL Süssmost verrühren. Apfelpüree aufkochen und unter das Eigelb rühren. Apfelcreme zurück in die Pfanne geben. Angerührtes Cremepulver untermühren, auf niedriger Stufe, unter stetem Rühren, pochieren. Durch ein feines Sieb streichen, Schlagrahm unterziehen und zugedeckt kalt stellen.

Vorbereiten
①, ③, ④, ⑦, ⑧.

Fertigstellen
②, ⑤, ⑥: Brombeercoulis schräg in kleine Gläschen verteilen und mit der Lavendelglace bedecken. Auf die andere Seite des Tellers ein Chüechli legen. Die Mitte des Tellers mit einem Streifen Süssmostcreme und Brombeercoulis garnieren und darauf die Beeren und Kiwis verteilen.

Und ewig lockt der Sommer

Der Sommer geht langsam in den Herbst über. Die Berggipfel sind zum ersten Mal überzuckert. Am Morgen legen sich erste Nebelschleier über die Landschaft, die Tage sind aber noch warm. Der Markt ist jetzt am buntesten. Wurzelgemüse mit sattem Grün im Einklang mit Tomaten-Allerlei, Waldpilze und erstes Wild aus heimischer Jagd.

Im Marktangebot ist der Sommer immer noch präsent. Buschbohnen, Salate, Fenchel, Sellerie, Kürbis, Lauch, Mangold, Karotten, rote, gelbe und geringelte Chioggia-Randen, Stangenbohnen, die letzten guten Tomaten, Zuckermais, Zwiebeln, Wirsing, Weisskohl. Und vor allem Pilze. Die Früchtepalette ist noch riesig. Doch mit Hagenbutten, Birnen, Marroni und einer grossen Apfelvielfalt kündigt sich der Herbst an. Kulinarisch begrüsst der Sommer den Herbst, die Aromen werden erdiger, verbinden sich noch ein letztes Mal mit der Leichtigkeit des Sommers.

Herbstanfang, die ersten Nebel

Herbstanfang, die ersten Nebel

143

1

2

3

Inspiriert

4

5

vom Markt

6

4 Bohnen-Dreierlei, Steinpilze

5 Wildschweinfilet, Artischocke, Spinat

6 Marronimousse, Quitten, Zwetschgen, Madeleines

Maismuffin
Pastinakensuppe
für 4 Menüportionen, 4 normale oder 9 kleine Muffins

Pastinakensuppe

1 EL Olivenöl

1 Pastinake ca. 150 g, geschält, gewürfelt

5 cm Lauch, weisser Teil, gewürfelt

2 Bundzwiebeln, klein geschnitten

½ l Gemüsefond, Rezept Seite 270

100 ml Kokosmilch

½ EL Rundkornreis für Risotto

1 EL Thai-Curry

1 EL Indian-Curry

1 TL Tandooripaste

Meersalz

③ Gemüse in Olivenöl andünsten, ablöschen mit Gemüsefond und Kokosmilch. Reis und Curries zugeben. Suppe 1 Stunde köcheln lassen. Mit Stabmixer mixen, Suppe durch ein feines Sieb drücken, so dass möglichst viel Reisstärke passiert wird. Abschmecken mit Tandoori und Meersalz.

**《 Pastinaken,
vom Grundnahrungsmittel
zum Viehfutter 》**
Gut zu wissen.

《 Maiskolben dreimal anders 》
Gut zu wissen.

Maismuffins

100 g Zuckermaiskörner (½ Kolben)

75 g Vollei
(3/4 von 2 aufgeschlagenen Eiern)

25 g Milch

15 g Rahm

15 g Sbrinz, frisch gerieben

50 g rote Peperoni, fein geschnitten

1 TL Schnittlauch, fein geschnitten

2 Prisen Kräutersalz

schwarzer Pfeffer aus der Mühle

1 Prise Piment d'Espelette

weiche Butter, zum Einfetten der Förmchen

① Maiskolben von Hüllblättern und Barthaaren befreien. Kolben in Salzwasser etwa 20 Minuten kochen. Maiskörner mit einem scharfen Messer der Länge nach vom Kolben schneiden. Eier mit Milch und Rahm verrühren. Maiskörner und restliche Zutaten unterrühren. Kurz ruhen lassen.

② Backofen auf 180 °C Unter-/Oberhitze vorheizen. Förmchen mit Butter einfetten. Masse auf die Förmchen verteilen. Im Ofen etwa 13 Minuten goldgelb backen. Kurz auskühlen lassen.

Endiviensalat

½ Friséesalat, zerpflückt

Himbeer-Vinaigrette, Rezept Seite 272

④ Friséesalat zerpflücken. Vor dem Servieren mit der Vinaigrette überträufeln.

Vorbereiten
①, ③, ④.

Fertigstellen
②: Mit dem Endiviensalat auf die Teller legen. Warme Pastinakensuppe in Tässchen anrichten.

Egli Randen-Vielfalt

für 4 Menüportionen

« Egli (Flussbarsch, Kretzer)
ist ein in ganz Europa
vorkommender Süsswasserfisch »

Gut zu wissen.

Eglifilets

2 kleine, ganze Egli, je ca. 220 g

Zitronenöl
(Olivenöl mit Zitronen aromatisiert)

1 Bio-Orange, davon 2–3 Schalenabriebe

2 Thymianzweige,
Blättchen abgezupft und gehackt

1 TL Ingwer, fein gerieben

1 TL Fleur de Sel

schwarzer Pfeffer aus der Mühle

ausserdem zum Garnieren:

Dill- oder Fenchelblüten

① Egli filetieren, parieren und entgräten
(V-Schnitt siehe Seite 284). Filets mit Zitronenöl einreiben, mit Orangenschale,
Thymian und Ingwer bestreuen. Zugedeckt im Kühlschrank 3 Stunden marinieren

② Ofen auf 220 °C Umluft/Grill aufheizen. Backblech mit Backpapier auslegen,
mit Fleur de Sel und Pfeffer bestreuen.
Eglifilets halbieren und mit der Hautseite
oben auf das Blech legen. Mit Zitronenöl
beträufeln, 4–5 Minuten grillen. Mit Fleur
de Sel und Pfeffer nachwürzen.

Randen

2 rohe gelbe Randen (gelbe Beten)

1 rohe Chioggia-Rande (Ringelbete)

Orangenöl
(Olivenöl mit Orangen aromatisiert)

Kräutersalz

3 Salbeiblätter

③ Ofen auf 160 °C Unter-/Oberhitze
aufheizen. Randen mit Zahnstochern
stupfen, auf je eine Alufolie legen und mit
Orangenöl beträufeln, mit Kräutersalz bestreuen. Ein Salbeiblatt darauflegen und in
die Folie einwickeln. 90–120 Minuten bei
160 °C im Ofen garen. Herausnehmen,
schälen, in 1 cm grosse Würfel schneiden.

④ Randenwürfel in drei Viertel der
Randensauce aufwärmen.

Randensauce

1 grosse, rohe rote Rande (rote Bete)

1 Apfel, geschält, gewürfelt

5 cm Lauch, weisser Teil, fein geschnitten

1 Zwiebel, geschält, klein geschnitten

1 Dillzweig, grob gehackt

1 EL Olivenöl

30 ml Fischfond, Rezept Seite 269

100 ml Weisswein

1 TL Kräutersalz

schwarzer Pfeffer aus der Mühle

20 g kalte Butter

⑤ Rande mit einer Entsafterzentrifuge entsaften (ergibt etwa 150 ml Saft). Apfel,
Lauch, Zwiebeln und Dill im Olivenöl andünsten, ablöschen mit Randensaft, Fischfond
und Weisswein. Auf die Hälfte einkochen, würzen mit Kräutersalz und Pfeffer. Dann
durch ein Sieb passieren.

⑥ Randensauce mit kalter Butter aufmixen.

« Randen dreimal
anders zubereitet »

Gut zu wissen.

Vorbereiten

①, ③, ⑤.

Fertigstellen

②, ⑥, ④: Randenwürfel auf die Teller verteilen. Eglifilets darauflegen. Restliche Sauce
zum Garnieren verwenden.

Ochsenschwanz-*ravioli*
Tomaten-*allerlei* für 6 Menüportionen

Ochsenschwanzravioli, Berlingots

Teig

300 g Weissmehl

1 Ei

5 Eigelb

1 EL Olivenöl

Eiweiss, zum Bestreichen der Teigbänder

① Mehl mit Ei, Eigelben und Olivenöl zu einem elastischen Teig kneten. Siehe Seite 275. Teig in Folie einwickeln und eine Stunde ruhen lassen.

« Berlingots, im Original zahnmörderische Zuckerbonbons »
Gut zu wissen.

Raviolifüllung, Ochsenschwanz

100 g Mirepoix aus gelben und roten Karotten, Knollensellerie und Zwiebel

500 g Ochsenschwanz, zerteilt

2 EL Olivenöl

1 TL Tomatenpüree

200 ml Rotwein

100 ml Bratenjus oder Kalbsfond dunkel, Rezept Seite 271

1 kleine Tomate, gewürfelt

2 EL Portwein

1 EL Parmesan, frisch gerieben

2 EL glatte Petersilie, gehackt

1 TL Fleur de Sel

schwarze Pfeffermischung, Rezept Seite 273

Eiweiss, zum Bestreichen

Hartweizengriess, zum Bestreuen

ausserdem zum Garen der Ravioli:

1 Thymianzweig

1 Lorbeerblatt

5 Petersilienstiele

Meersalz

wenig Olivenöl

② Ofen auf 150 °C Unter-/Oberhitze aufheizen. Gemüse für den Mirepoix schälen und zerkleinern. Ochsenschwanzstücke in einem Schmortopf in Olivenöl anbraten, Mirepoix zugeben, 5 Minuten rührbraten bis das Gemüse Farbe annimmt. Tomatenpüree zugeben und unter Rühren kurz mitdünsten. Mit Rotwein portionsweise glacieren. Bratenjus aufgiessen, Tomate zugeben. Im vorgeheizten Ofen zugedeckt rund 3 Stunden schmoren lassen.

③ Ochsenschwanzstücke aus dem Fond nehmen und zugedeckt etwas auskühlen lassen.

④ Fond in einer Saucenpfanne zu Glace einkochen.

⑤ Fleisch von den Knochen lösen und durch die grobe Scheibe des Fleischwolfs drehen. Zum Schluss 2 EL vom gekochten Gemüse mit durchdrehen. Fleischfarce mit Portwein, Parmesan, gehackter Petersilie und 3–4 EL der Glace zu einer festen Raviolifüllung mischen. Abschmecken mit Fleur de Sel und Pfeffermischung.

⑥ Etwa 50 g Teig in der Nudelwalze hauchdünn auf Walzenbreite ausrollen. Teigstreifen von etwa 30×8 cm zuschneiden.

⑦ Teigstreifen mit wenig Eiweiss bestreichen. Aus der Füllung etwa 2 cm grosse Kugeln formen. Kugeln alle 4–5 cm am Rand des Teigstreifens aufsetzen, den Streifen danach zu einem Zylinder rollen. Überlappenden Teig andrücken. Mit dem Finger oder mit der Messerfläche die Füllung von der einen Seite her schräg andrücken, dann satt an der Füllung abschneiden.

⑧ Den Zylinder um ein Viertel drehen (die eben gefertigte Naht steht nun senkrecht) und die andere Seite des Ravioli mit Finger oder Messerfläche schräg andrücken, dann abschneiden. Das Ravioli hat nun die Form eines Tetraeders (wie die alten Kaffeerahmverpackungen). Denselben Vorgang für die weiteren Ravioli wiederholen. Ravioli auf ein mit Hartweizengriess bestreutes Blech legen. Gelegentlich wenden, damit der Teig nicht anklebt.

⑨ Wasser mit Kräutern aufkochen, salzen, Kräuter wieder entfernen. Ravioli mit einem Schuss Olivenöl im aromatisierten Wasser garen. Ravioli herausheben und samt abgeschöpftem Öl im Wok mit etwas Tomatenfond überziehen.

Fingerauberginen

3 Fingerauberginen

Fleur de Sel

schwarzer Pfeffer aus der Mühle

1 Thymianzweig, Blättchen abgezupft

Olivenöl

⑩ Fingerauberginen längs halbieren und auf ein mit Backpapier belegtes Blech legen, mit Fleur de Sel, schwarzem Pfeffer und Thymian bestreuen, mit Olivenöl beträufeln.

⑪ Ofen auf 240 °C Umluft vorheizen. Fingerauberginen im vorgeheizten Ofen rund 15 Minuten backen.

Tomatenallerlei

24 kleine, bunte Tomaten
(z. B. ProSpecieRara: Baselbieter Röteli, Tigrella, Auriga, Grünes Zebra)

Basilikumblätter

Olivenöl

Fleur de Sel

⑫ Ofen auf 95 °C Umluft vorheizen. Blech mit Backpapier belegen, Basilikumblätter darauf verteilen, mit Olivenöl beträufeln und mit Fleur de Sel bestreuen. Tomaten halbieren, mit der Schnittfläche unten auf das Blech legen, etwa 90 Minuten confieren.

Tomatenfond

ca. 30 ml Olivenöl

½ Zwiebel, geschält, klein geschnitten

2 Knoblauchzehen, zerdrückt

500 g überreife Tomaten, klein geschnitten

½ EL Kräutersalz

1 EL Agavensirup

weisser Pfeffer aus der Mühle

⑬ Zwiebel und Knoblauch in wenig Olivenöl andünsten, Tomaten zugeben und bei geschlossenem Deckel 90 Minuten köcheln. Durch ein Sieb abgiessen. Tomaten unter leichtem Schütteln ohne Druck abtropfen lassen. Ein wenig einkochen lassen.

⑭ Mit restlichem Olivenöl aufmixen, mit Agavensirup, weissem Pfeffer und Kräutersalz würzen. Tomatenreste mixen und durch ein Sieb passieren. Als Passata für das folgende Rezept «Bohnen-Dreierlei mit Steinpilzen» , siehe Seite 155, oder als zusätzlichen Geschmacksträger für einen Fleischfond verwenden.

Vorbereiten
②, ①, ⑫, ⑬, ③ – ⑧, ⑩.

Fertigstellen
⑪, ⑭, ⑨: Ravioli auf die Teller verteilen. Confierte Tomaten und gebackene Fingerauberginen dazwischen legen. Mit Tomatenfond umgiessen.

Bohnen-Dreierlei Steinpilze

für 4 Menüportionen

Steinpilze

2–3 schöne, mittelgrosse Steinpilze

Olivenöl

1 TL Fleur de Sel

schwarzer Pfeffer aus der Mühle

2–3 Thymianzweige, Blättchen abgezupft

(1) Pilze putzen, den unteren Teil der Füsse abschneiden und fein würfeln. Abschnitte und Pilzwürfel für das Bohnen-Dreierlei verwenden. Den oberen Teil mit dem Pilzhut längs halbieren und zum Braten beiseitestellen.

(2) Ofen auf 220 °C Umluft/Grill aufheizen. Blech mit Backpapier belegen, mit Olivenöl beträufeln, mit Fleur de Sel, Pfeffer und Thymianblättchen bestreuen. Pilzhälften mit der Schnittfläche unten darauflegen und im vorgeheizten Ofen etwa 5 Minuten braten, Pilze wenden und weitere 5 Minuten fertig braten.

Tomatenpassata

(3) Passata aus dem vorhergehenden Rezept, Seite 152 verwenden. Alternativ eine frische Tomatenpassata von Grund auf herstellen. Rezept Seite 67.

Bohnen-Dreierlei

je ca. 80 g violette Busch-, Coco- und Butterbohnen (Wachsbohnen)

schwarzer Pfeffer aus der Mühle

Kräutersalz

Abschnitte und gewürfelte Füsse der Steinpilze

2–3 EL Weisswein

1 Bundzwiebel, klein geschnitten

1 TL Butter

50 ml Tomatenpassata

1 EL weisser Balsamessig

ausserdem zum Garnieren:

Thymianzweige

(4) Stielansatz der Bohnen abschneiden. Coco-Bohnen quer in feine Streifen, violette Bohnen schräg in Stücke schneiden. Butterbohnen beidseitig kappen. Jede Sorte einzeln in kochendem Salzwasser garen. Butterbohnen klein schneiden. Bohnen mischen und mit schwarzem Pfeffer und Kräutersalz schwach würzen.

(5) Steinpilzabschnitte mit 3 EL Wasser und dem Weisswein 3 Minuten köcheln. Pilzfond durch ein Sieb passieren. Gewürfelte Pilzfüsse im Pilzfond einmal aufkochen, in ein Sieb abgiessen und Pilzfond wieder auffangen.

(6) Bundzwiebel in Butter andünsten, blanchierte Pilzwürfel zugeben, weiter dünsten, mit Pilzfond und Tomaten-Passata ablöschen, 2 Minuten kochen. Pilzwürfel absieben und beiseite stellen, Pilz-Tomaten-Jus auffangen und etwas einkochen.

(7) Pilz-Tomaten-Jus aufwärmen, Pilzwürfel und Bohnen zugeben, mit weissem Balsamessig, Pfeffer und Kräutersalz abschmecken.

Vorbereiten

(1), (3), (4) – (6)

Fertigstellen

(2), (7): Bohnen auf die Teller verteilen und die gebratenen Pilze darauf legen.

Wildschweinfilet
Artischocke
Spinat

für 4 Menüportionen

Wildschweinfilet

200–250 g Wildschweinfilet

½ EL Wacholderbeeren, gehackt

½ EL Rosmarinnadeln, gehackt

½ EL rosa Pfefferkörner

1 EL Olivenöl

zum Anbraten:

2 Knoblauchzehen, zerdrückt

je ½ EL Olivenöl und Butter

ausserdem zum Garnieren:

Origano und Fleur de Sel

① Wacholder, Rosmarin und rosa Pfeffer mit dem Olivenöl im Mörser verreiben. Wildschweinfilet mit der Marinade einreiben. 3 Stunden zugedeckt marinieren.

② Ofen mit einem Gitter und Auffangschale auf 150 °C Unter-/Oberhitze aufheizen. Filet in Olivenöl-Butter-Mischung mit Knoblauchzehen anbraten. Würzen mit Fleur de Sel. Auf das Gitter legen und etwa 5 Minuten nachgaren. Ofen ausschalten und Fleisch bei geöffneter Ofentüre 5 Minuten zugedeckt abstehen lassen.

Tomaten, confiert

12 Datterinitomaten am Zweig

1 EL Basilikumöl
(Olivenöl mit Basilikum aromatisiert)

Fleur de Sel

Puderzucker

③ Ofen auf 95 °C Umluft vorheizen. Tomaten schälen, siehe Seite 267. Tomaten auf ein mit Backpapier belegtes Blech legen. Mit Basilikumöl beträufeln, mit Fleur de Sel salzen, mit Puderzucker leicht bestäuben und im vorgeheizten Ofen etwa 90 Minuten confieren.

Artischocken-Spinat-Gemüse

2 mittelgrosse Artischocken

Zitronensaft

50 ml Geflügelfond, Rezept Seite 270

100 ml Weisswein

Fleur de Sel

schwarzer Pfeffer aus der Mühle

300 g Salat-Spinat

④ Artischocken rüsten, siehe Seite 267. Je nach Grösse in Viertel oder Achtel schneiden. Mit Zitronensaft beträufeln, damit sie sich nicht braun verfärben.

⑤ Artischocken mit Geflügelfond und Weisswein etwa 5 Minuten kochen, würzen mit Fleur de Sel, Pfeffer und einem Spritzer Zitronensaft.

⑥ Spinat mit viel kochendem Salzwasser in einem Sieb übergiessen, zusammenfallen lassen, etwas ausdrücken und unter die Artischocken mischen. Nachwürzen mit Fleur de Sel und Pfeffer.

Vorbereiten
①, ③, ④.

Fertigstellen
②, ⑤, ⑥: Artischocken mit Tomaten auf die Teller verteilen. Artischockenfond darüberträufeln. Wildschweinfilet aufschneiden und auf das Gemüse legen. Mit Fleur de Sel bestreuen.

Marronimousse

125 g Mascarpone

50 g Zucker

220 g Marronipüree, z.B. von Ditzler

1 EL Scorzette di Arance
(Orangenschalenconfit im Glas)

30 g Schokoladenlikör von Zotter

1 EL Schokoladengeist von Zotter

150 g Schlagrahm

ausserdem zum Garnieren:

20 g Schokolade

Brombeeren und Minzeblätter

① Mascarpone, Zucker, Marronipüree und Scorzette glatt rühren. Schokoladenlikör und -geist mit dem Schlagrahm unterziehen.

Marronimousse Quitten Zwetschgen Madeleines

für 8 Menüportionen

Quittenkompott

3 Quitten

120 g Zucker

250 ml Süssmost

1 Vanilleschote «Tahiti»

② Quittenflaum mit einem trockenen Tuch abreiben. Früchte schälen, vierteln und entkernen, Viertel in 5 mm grosse Würfelchen schneiden. Schalen und Kerngehäuse mit Zucker, Süssmost und aufgeschnittener Vanilleschote aufkochen und auf kleiner Stufe zugedeckt 10 Minuten ziehen lassen. Absieben und Fond auffangen. Quittenfond aufkochen, Quittenwürfel zugeben und zu Kompott kochen.

Zwetschgen-Quitten-Sorbet

300 g Zwetschgen

110 g Zucker

50 ml Rotwein

3 Zimtblüten

ca. 150 g Quittenkompott, abgetropft, püriert

1 EL Vieille Prune (alter Zwetschgenschnaps)

③ Zwetschgen halbieren und Stein entfernen. Mit Zucker mischen und 30 Minuten stehen lassen. Rotwein, Zimtblüten und Quittenpüree zugeben und kochen, bis die Zwetschgen weich sind. Pürieren und durch ein Sieb passieren. Mit der Vieille Prune parfümieren. Kalt stellen.

④ Masse in der Eismaschine zu Sorbet gefrieren lassen.

Brombeercoulis

200 g Brombeeren

3 EL Akazienhonig

½ Zitrone, Saft

⑤ Alle Zutaten mischen und pürieren. Durch ein feines Sieb passieren.

Preiselbeer-Madeleines

75 g Butter

75 g Puderzucker

2 Eiweiss

40 g geröstete Haselnüsse, geschält, gemahlen

40 g Weissmehl

1 TL Honig

80 g Preiselbeeren

weiche Butter, zum Einfetten der Förmchen

⑥ Backofen auf 180 °C Unter-/Oberhitze vorheizen. Butter zerlassen und bräunen. Puderzucker sieben, mit Eiweiss verrühren (nicht schaumig schlagen). Haselnüsse, Mehl, Honig und Butter unter das Eiweiss ziehen. Masse etwas abkühlen lassen. 6–8 Preiselbeeren in jedes der eingefetteten Madeleine-Förmchen legen. Mit dem Teig füllen. In der Ofenmitte etwa 12 Minuten backen.

Vorbereiten

②, ③, ⑤, ⑥, ①.

Fertigstellen

④: Schokolade schmelzen. 1 EL Brombeercoulis in ein Gläschen geben. Marronimousse daraufspritzen. Preiselbeer-Madeleines auf einen Strich geschmolzener Schokolade legen. Zwetschgen-Quitten-Sorbet auf dem Quittenkompott anrichten.

Goldener Herbst

Der Tanz der Blätter hat begonnen, kräftige Winde lassen die Drachen steigen und erste Marroniverkäufer bieten die gerösteten Kastanien an. Das Zepter haben nun die Wurzelgemüse, Kohlarten und Kürbisse bis XXL übernommen. Vergessenes wird neuentdeckt, so bieten sich Kardi, Pastinake, Feder- und Palmkohl an, satte, ungewohnte Aromen zu geniessen. Hirsch und Reh lassen sich gerne von Preiselbeeren, Miniapfel und Kastanien begleiten und der kulinarische Jahrmarkt der herbstlichen Aromen kann beginnen.

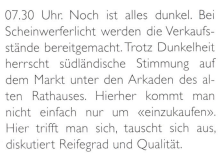

07.30 Uhr. Noch ist alles dunkel. Bei Scheinwerferlicht werden die Verkaufsstände bereitgemacht. Trotz Dunkelheit herrscht südländische Stimmung auf dem Markt unter den Arkaden des alten Rathauses. Hierher kommt man nicht einfach nur um «einzukaufen». Hier trifft man sich, tauscht sich aus, diskutiert Reifegrad und Qualität.

Röteli haben wir heute gekauft. Dazu Calamari. Die wurden nicht im Vierwaldstättersee gefangen, aber hin und wieder etwas Abwechslung darf für das Amuse-Bouche schon sein.

Tief steht die Oktobersonne. Die Zeit der Ernte ist vorbei. Gefüllt sind Keller und Speicher. Herbstzeit ist Süssmostzeit. Die Zeit des Mostens dauert von Ende August bis Anfang November. Herbst ist die Zeit der Jahrmärkte, so auch in Luzern.

Amuse-Bouche:
Calamar, Oliven, Peperonata

Röteli, Capuns,
Rotweinbutter

Ochsenschwanz-Essenz,
Raviolini

Inspiriert

vom**Markt**

Wurzelgemüsegratin,
Steinpilze, Kraterellen

Hirsch & Reh, Quitten,
Sellerie, Aroniaapfel

Quittenstrudel, Zwetschgen,
Gewürzglace

Calamar
Oliven
Peperonata

für 4 Menüportionen

Calamari

4 Calamari

1 Zwiebel, geschält, klein geschnitten

2 Knoblauchzehen, geschält, fein gewürfelt

1 Chilischote, entkernt, fein gewürfelt

25 Taggiasca-Oliven, entsteint, gehackt

Olivenöl

weisser Pfeffer aus der Mühle

Fleur de Sel

2–3 Scheiben Toastbrot, ohne Rinde, gewürfelt

Panierbrösel

2 Tomaten, geschält, entkernt, gewürfelt. Tomaten schälen siehe Seite 267

Gewürzsalz für Fische, Rezept Seite 273

ausserdem:

2 Handvoll Nüsslisalat (Feldsalat)

Himbeer-Vinaigrette, Rezept Seite 272

① Calamari putzen, Kopf, Gedärme und Rückgrat mit den Fingern herausziehen, Kopf hinter dem Auge abschneiden, Gedärme wegwerfen, Kopf und Bart würfeln. Haut am Bauch abziehen.

② Für die Füllung Zwiebel, Knoblauch, Chili und Oliven in Olivenöl andünsten, Bart und Kopf kurz mitdünsten, mit Pfeffer und Fleur de Sel würzen. Absieben, Fond auffangen und einkochen. Die abgesiebten Zutaten wieder zum Fond geben, Toastbrotwürfel unterrühren, bei Bedarf wenig Panierbrösel untermischen. Mischung in die Bauchhöhle der Calamari füllen. Mit Küchenschnur gut zubinden. In Vakuumbeutel legen, vakuumieren und 2 Stunden bei 80 °C sous-vide garen.

③ Calamari herausnehmen, in Scheiben schneiden. Garfond in ein Pfännchen geben, Tomatenwürfel zugeben und aufkochen. Mit Gewürzsalz würzen, ohne Druck absieben.

Peperonata

350 g Ramiro-Peperoni, geschält, entkernt, gewürfelt

3 Tomaten, geschält, entkernt, gewürfelt, Tomaten schälen siehe Seite 267

½ Aubergine, gewürfelt, mit Salz bestreut und 30 Minuten entwässert

1 Zwiebel, geschält, klein geschnitten

2 Knoblauchzehen, geschält, fein gewürfelt

Olivenöl

2 EL Aceto Balsamico Tradizionale

Fleur de Sel

weisser Pfeffer aus der Mühle

½ Bund Basilikum, Blättchen abgezupft

④ Peperoni, Tomaten, ausgedrückte Auberginenwürfel, Zwiebeln und Knoblauch in Olivenöl andünsten, mit Aceto Balsamico ablöschen, etwas einkochen und mit Fleur de Sel und Pfeffer würzen.

⑤ Vor dem Anrichten Basilikum fein schneiden und untermischen. Mit 2 Esslöffeln Nocken formen.

Vorbereiten
①, ②, ④.

Fertigstellen
③, ⑤: Aufgeschnittene Calamari auf die Teller legen, Fond darüberträufeln. Peperonatanocken dazu legen. Nüsslisalat zum Garnieren mit der Himbeervinaigrette überträufeln.

Röteli
Capuns
Rotwein-
butter
für 4 Menüportionen

Rötelifilet

4 kleine, ganze Röteli (Seesaiblinge)

2 Thymianzweige, Blättchen abgezupft und gehackt

1 TL rosa Pfefferkörner, zerstossen

1 TL Meersalz

1 TL Zucker

2 EL Zitronenöl (Olivenöl mit Zitronen aromatisiert)

ausserdem zum Garnieren:

Majoranzweige und Randenchips

« Warum heissen
Seesaiblinge Röteli? **»**
Gut zu wissen.

① Röteli filetieren, Filetspitzen für die Capuns verwenden. Thymian, rosa Pfeffer, Meersalz und Zucker mit Zitronenöl verrühren und die Filets damit bestreichen. In ein kleines Gefäss dicht nebeneinander schichten. Zugedeckt im Kühlschrank 3 Stunden marinieren.

② Ofen auf 230 °C Umluft/Grill vorheizen. Backblech mit Backpapier auslegen. Filets mit der Hautseite oben auf das Blech legen. Im vorgeheizten Ofen etwa 3 Minuten grillen.

Capuns

ca. 60 g Filetspitzen der Röteli

30 g Rahm

15 g Eiweiss

½ Bund glatte Petersilie, Blättchen abgezupft und gehackt

½ Scheibe Weissbrot, ohne Rinde, gewürfelt

4 schöne, grosse Mangoldblätter

Kräutersalz

½ TL Gewürzsalz für Fische, Rezept Seite 273

weisser Pfeffer aus der Mühle

1 Prise Piment d'Espelette

1 TL Baumnussöl (Walnussöl)

weiche Butter, zum Einfetten der Form

50 ml Gemüsefond, Rezept Seite 270

« Capuns, die Kapaune des armen Manes »
Gut zu wissen.

③ Filetspitzen der Röteli kleinschneiden, mit Rahm, Eiweiss, Petersilie und Brotwürfeln mischen. Die Masse 10–15 Minuten in den Tiefkühler stellen.

④ Mangoldblätter in kochendem Salzwasser kurz blanchieren. Kalt abschrecken, auf ein Tuch auslegen und mit einem Küchenpapier trocken tupfen. Blattrippen flach abschneiden, Blätter mit Kräutersalz würzen.

⑤ Durchgekühlte Fischmasse mit Gewürzsalz salzen und cuttern, bis sie bindet. Würzen mit Pfeffer und Piment d'Espelette. 1-2 EL Farce oder eine entsprechende Menge mit einem Eisportionierer (dann werden alle Capuns gleich gross) auf jedes Mangoldblatt geben und aufrollen, dabei die Seiten einschlagen, so dass ein rundes, geschlossenes Päckchen entsteht. Capuns in eine gebutterte Gratinform legen, mit etwas Baumnussöl bestreichen. Gemüsefond zugeben.

⑥ Ofen auf 180°C Umluft aufheizen. Capuns im vorgeheizten Ofen etwa 10 Minuten garen.

Rotweinbutter

1 Bundzwiebel, klein geschnitten

½ Peperoncino, entkernt, fein gehackt

1 TL Butter

150 ml Rotwein (z.B. Valpolicella)

100 ml Fischfond, Rezept Seite 269

ca. 25 g kalte Butterwürfel

Honig oder Zucker

Meersalz

⑦ Bundzwiebel und Peperoncino in der Butter andünsten, mit Rotwein portionsweise ablöschen und einkochen, Fischfond portionsweise zugeben und auf etwa 50 ml einkochen.

⑧ Reduktion mit kalten Butterwürfeln aufmixen und mit Honig und Meersalz würzen. Warm halten, nicht mehr kochen.

Vorbereiten
①, ③, ④, ⑤, ⑦.

Fertigstellen
⑥, ②, ⑧: Mit Rotweinbutter einen Saucenspiegel giessen. Rötelifilets und Capuns darauflegen.

Ochsenschwanz-
Essenz
Raviolini
für 4 Menüportionen

«Essenz, nach mittelalterlicher Naturlehre die «ausgezogene Kraft eines Stoffes»»
Gut zu wissen.

Ochsenschwanzfond

Mirepoix: 1 Karotte, 1 Scheibe Knollensellerie, 1 Spross Stangensellerie, 2 Schalotten und 2 Knoblauchzehen

500 g Ochsenschwanz vom Angusrind, zerkleinert

Olivenöl

1 l Kalbsfond, Rezept Seite 271 oder Geflügelfond, Rezept Seite 270

1 EL Tomatenpüree

400 ml Rotwein

1 Tomate, gewürfelt

1 Selleriekrautzweig

1 Lorbeerblatt

1 cm Ingwer, geschält, in Scheiben

«Entfetten von Fond»
Gut zu wissen.

① Gemüse für den Mirepoix schälen und zerkleinern. Ochsenschwanzstücke in einer Bratpfanne in heissem Olivenöl anbraten, in einen grossen Topf geben, mit Kalbsfond aufgiessen und aufkochen. Mirepoix in der zuvor verwendeten Pfanne in Olivenöl 5 Minuten rührbraten, bis das Gemüse Farbe annimmt. Tomatenpüree zugeben und unter Rühren kurz mitdünsten. Mit Rotwein portionsweise glacieren. Das Gemisch in den Topf zum Ochsenschwanz geben, Tomate und Gewürze dazugeben, rund 3 Stunden auf kleiner Stufe zugedeckt schmoren lassen.

② Durch ein Sieb passieren und abkühlen lassen. Fleisch herausnehmen und von den Knochen lösen. Den Fond entfetten.

Ochsenschwanzessenz

Entfetteter Ochsenschwanzfond

Mirepoix: ½ Karotte, 50 g Knollensellerie, ½ Zwiebel, 50 g Petersilienwurzel

500 g Klärfleisch (Rinderwade), frisch gehackt

4 Eiweiss

Meersalz

weisser Pfeffer aus der Mühle

30 ml Sherry

4 EL Brunoise von Petersilienwurzel, gelber und roter Karotte (abgezweigt von der Raviolinifüllung, Seite 172)

ausserdem zum Garnieren:

1 Bund Schnittlauch

③ Gemüse für den Mirepoix schälen und zerkleinern. Klärfleisch, Eiweiss und Mirepoix gut verrühren und in den kalten Fond geben. Auf mittlerer Stufe unter Rühren aufkochen. Sobald das Klärfleisch obenauf schwimmt, Wärmequelle auf kleinste Stufe stellen und Fond 30 Minuten (ohne Rühren) ziehen lassen. Danach sorgfältig (ohne Druck) durch ein Passiertuch passieren. Abschmecken mit Meersalz, weissem Pfeffer und Sherry.

④ Klare Essenz vor dem Anrichten mit Gemüsebrunoise 1 Minute kochen.

Raviolinifüllung

Ochsenschwanzfleisch,
von den Knochen gelöst

50 g rote Karotte

50 g gelbe Karotte

40 g Petersilienwurzel

100 ml Geflügelfond, Rezept Seite 270

2 Knoblauchzehen, geschält, fein gewürfelt

½ Chilischote, entkernt, fein gewürfelt

1 EL glatte Petersilie, gehackt

1 EL Parmesan, frisch gerieben

Fleur de Sel

schwarzer Pfeffer aus der Mühle

Hartweizendunst, zum Bestreuen

⑥ Gemüse in Brunoise schneiden (4 EL sind für die Einlage in die Ochsenschwanzessenz bestimmt). Gemüse für die Füllung im Geflügelfond kochen, bis der Fond eingekocht ist. Ochsenschwanzfleisch durch den Fleischwolf drehen und mit der Brunoise mischen. Knoblauch, Chili, Petersilie und Parmesan unterrühren. Mit Fleur de Sel und Pfeffer würzen.

⑦ Etwa 50 g Teig in der Nudelwalze hauchdünn auf Walzenbreite ausrollen. Eine Hälfte des Bandes mit Eiweiss bestreichen. Mit einem runden, 3–4 cm grossen Ausstecher Markierungen anbringen. Je 1 TL Füllung auf jeder Markierung verteilen, die zweite Teighälfte darüber legen, Teig um die Füllung herum festdrücken und die Ravioli ausstechen. Allfällig eingeschlossene Luft zwischen den Handflächen vorsichtig hinausdrücken. Raviolini auf ein mit Hartweizendunst bestreutes Blech legen, um das Ankleben zu verhindern.

⑧ Raviolini vor dem Anrichten in Salzwasser bissfest kochen.

Ochsenschwanz-Raviolini

Teig

150 g Weissmehl

30 g Vollei (etwas mehr als die Hälfte von einem aufgeschlagenen Ei)

50 g Eigelb (2½ Eigelb)

½ EL Olivenöl

1 Eiweiss, zum Bestreichen

⑤ Zutaten für den Ravioliteig zu einem festen, elastischen Teig verkneten. Zubereitung wie: Pastateig für Ravioli, Seite 275. Teig in Folie einwickeln und 1 Stunde ruhen lassen.

« Ochsenschwanz lässt sich noch anders verwenden **»**

Gut zu wissen.

Vorbereiten
①, ⑤, ②, ③, ⑥, ⑦.

Fertigstellen
⑧, ④: Ochsenschwanzessenz mit der Brunoise, 3–4 Raviolini und Schnittlauch anrichten.

Wurzelgemüse-gratin
Steinpilze Kraterellen

für 4 Menüportionen

《 Schwammig-poröses Gewebe
der Steinpilze entfernen? 》
Gut zu wissen.

Wurzel-Gemüse-Pilz-Gratin

je 2 rote, gelbe, weisse und violette Karotten

Orangenöl
(Olivenöl mit Orangen aromatisiert)

Fleur de Sel

weisser Sarawak-Pfeffer, zerstossen

2 Handvoll Kraterellen

ausserdem zum Garnieren:

Estragonzweige

① Ofen auf 160 °C Unter-/Oberhitze vorheizen. Blech mit Backpapier belegen. Karotten mit Buntmesser in verschiedene Formen schneiden und in kochendem Salzwasser 3 Minuten blanchieren, in ein Sieb abgiessen. Auf das Blech verteilen und mit Orangenöl, Fleur de Sel und Pfeffer würzen. Im vorgeheizten Ofen etwa 20 Minuten backen.

② Kraterellen in kochendem Salzwasser kurz blanchieren, abtropfen lassen und unter das gebackene Wurzelgemüse mischen.

Steinpilze

4 feste Steinpilze

100 ml Gemüsefond, Rezept Seite 270

50 ml Weisswein

1 Zwiebel, geschält, klein geschnitten

1 TL Butter

1 EL glatte Petersilie, gehackt

Meersalz

schwarzer Pfeffer aus der Mühle

③ Steinpilze putzen. Pilzfüsse abschneiden. Bei ausgewachsenen Steinpilzen schwammig-poröses Gewebe auf der Unterseite des Hutes entfernen, Pilzfüsse und Pilzabschnitte in Gemüsefond und Weisswein 10 Minuten köcheln lassen. Mit leichtem Druck durch ein Sieb passieren und Fond auffangen. 2 EL für die Steinpilze beiseite stellen, restlichen Fond für die Gratinsauce verwenden.

④ Pilzköpfe in feine Scheiben schneiden und mit Zwiebeln in Butter andünsten. Mit 2 EL Pilzfond ablöschen und zugedeckt fertig garen. Mit Petersilie, Salz und Pfeffer abschmecken.

Gratinsauce

100 ml Pilzfond

50 ml Rahm

100 ml Sauce Hollandaise, Rezept Seite 272

3 EL Schlagrahm

Kräutersalz

weisser Sarawak-Pfeffer, zerstossen

weiche Butter, zum Einfetten der Förmchen

⑤ Pilzfond und Rahm auf etwa ein Drittel einkochen, Sauce Hollandaise und Schlagrahm unterrühren. Würzen mit Kräutersalz und Pfeffer.

⑥ Ofen auf 220 °C Umluft/Grill vorheizen. Wurzelgemüse und Kraterellen mit der Sauce mischen und in eingefettete Gratinförmchen füllen. Im vorgeheizten Ofen 5 Minuten gratinieren.

Vorbereiten
①, ②, ③, ⑤.

Fertigstellen
⑥, ④: Steinpilzscheiben auf das Gratin verteilen.

Hirschkoteletts

2 Hirschracks mit je 5 Knochen

3 EL Olivenöl

½ EL rosa Pfefferkörner

2 Thymianzweige, Blättchen abgezupft und gehackt

1 Rosmarinzweig, Nadeln abgestreift und gehackt

Gewürzsalz für dunkles Fleisch, Rezept Seite 273

Je 1 EL Olivenöl und Butter, zum Anbraten

feiner Dijonsenf

Fleur de Sel

ausserdem zum Garnieren:

Rosmarinzweige

① Hirschracks parieren. Parüren für die Quittensauce verwenden. Pfeffer und Kräuter mit Olivenöl im Mörser verreiben und die Racks mit der Marinade einreiben. 3 Stunden zugedeckt marinieren.

② Ofen mit einem Gitter und Auffangschale auf 160 °C Unter-/Oberhitze vorheizen. Racks in Olivenöl-Butter-Mischung anbraten. Mit Gewürzsalz würzen. Auf das Gitter legen und im vorgeheizten Ofen auf Kerntemperatur 62 °C braten. Dauert etwa 15 Minuten.

③ Ofen auf 250 °C Grill aufheizen. Hirschracks mit Dijonsenf bestreichen und Kräuterkrustenmasse darauf andrücken. 5 Minuten unter den Grill stellen. Mit wenig Fleur de Sel bestreuen.

Hirsch & Reh
Sellerie, Quitten
Aroniaapfel

für 8 Menüportionen

Kräuterkruste

1 EL Rosmarinnadeln, gehackt

1 EL Salbei, Blätter gehackt

2 EL glatte Petersilie, gehackt

1 EL Thymian, Blättchen gehackt

100 g Weissbrotbrösel (Mie de pain)

100 g geschmolzene Butter

Fleur de Sel

④ Alle Zutaten mischen und mit Fleur de Sel abschmecken. Abkühlen, in eine Folie einrollen und kalt stellen.

Quittensauce

Parüren der Hirschracks

2 Zwiebeln, geschält, klein geschnitten

1 Petersilienwurzel, geschält, gewürfelt

Kerngehäuse von 3 Quitten (aus dem Quittenfleisch ein Dessert zubereiten)

1 EL Olivenöl

2 EL Tomatenpüree

400 ml Rotwein

200 ml Wildfond, Rezept Seite 272

Meersalz

schwarzer Pfeffer aus der Mühle

⑤ Hirschparüren, Zwiebeln, Petersilienwurzel und Kerngehäuse der Quitten im Olivenöl 5 Minuten rührbraten, Tomatenpüree zugeben, unter Rühren kurz mitdünsten, mit Rotwein glacieren, Wildfond zugeben und Flüssigkeit auf ein Drittel einkochen. Durch ein Sieb passieren und auf die gewünschte Konsistenz einkochen. Würzen mit Meersalz und schwarzem Pfeffer.

Rehgeschnetzeltes

300 g Rehschnitzel

Je ½ EL Olivenöl und Butter, zum Anbraten

30 ml roter Portwein

200 ml Quittensauce

Gewürzsalz für dunkles Fleisch, Rezept Seite 273

schwarzer Pfeffer aus der Mühle

⑥ Rehschnitzel in kleine Würfel schneiden.

⑦ Fleisch in Olivenöl-Butter-Mischung kurz, aber kräftig anbraten, mit Gewürzsalz und Pfeffer würzen, warm stellen, Pfanne mit Küchenpapier entfetten. Bratsatz mit Portwein auflösen, einkochen, Quittensauce zugeben, mit Gewürzsalz und Pfeffer würzen und das Rehfleisch darin aufwärmen.

Selleriepüree

300 g Knollensellerie, geschält, gewürfelt

ca. 100 ml Milch

100 g mehlig kochende Kartoffeln, geschält, gewürfelt

1 mittelgrosser Lauch, nur grüne Teile

1 EL Butter

Meersalz

weisser Pfeffer aus der Mühle

⑧ Selleriewürfel in kochendem Salzwasser weichkochen. Mit Drahtkelle herausnehmen, mit Milch zu einem Püree cuttern. Kartoffeln im selben Salzwasser weichkochen, in ein Sieb abgiessen und 2–3 Minuten ausdampfen lassen. Durch die Kartoffelpresse drücken und unter das Selleriepüree rühren.

⑨ Lauchgrün zu feiner Brunoise schneiden und in kochendem Salzwasser blanchieren. Kalt abschrecken, abtropfen lassen, mit Butter unter das Püree rühren. Abschmecken mit Salz und Pfeffer.

Wildäpfel mit Aroniafüllung

8 Wildäpfel

200 ml Süssmost

200 ml Weisswein

4 EL Zucker

3 cm Cassia-Zimtrinde

1 gestrichener TL weisser Pfeffer

5 EL Aroniakompott (aus dem Glas) oder Preiselbeerkompott

⑩ Das obere Viertel der Stielseite der Äpfel als Deckel abschneiden. Kerngehäuse mit einem kleinen Pariserlöffel entfernen. Deckel wieder aufsetzen. Ofen auf 160 °C Unter-/Oberhitze aufheizen. Süssmost und Weisswein mit Zucker und Gewürzen aufkochen, in eine kleine Gratinform giessen. Äpfel in die Form stellen und im vorgeheizten Ofen etwa 15 Minuten garen. Saft abgiessen und stark einkochen. Äpfel mit Aroniakompott füllen.

⑪ Äpfel mit dem eingekochten Saft glacieren.

Pariser Karotten

1 Bund (mindestens 8) runde Pariser Karotten

200 ml Biotta-Karottensaft

schwarzer Pfeffer aus der Mühle

Kräutersalz

1 TL Honig

1 TL Butter

⑫ Karotten in kochendem Salzwasser blanchieren. Kalt abschrecken. Haut abziehen.

⑬ Pariser Karotten im Karottensaft fertig garen, würzen mit Pfeffer und Kräutersalz. Saft fast vollständig einkochen, zum Schluss Honig und Butter zugeben und damit die Karotten glacieren.

Vorbereiten
①, ⑤, ④, ⑩, ⑫, ⑥.

Fertigstellen
⑧, ②, ⑪, ⑬, ③, ⑨, ⑦: Eine Kugel Sellerie-Kartoffel-Püree auf die Teller setzen und mit einer Karotte garnieren. Quittensauce mit Rehgeschnetzeltem auf die Teller verteilen. Hirschrack aufschneiden, ein Kotelett und einen gefüllten Apfel dazu legen.

Quittenstrudel

Zwetschgen Gewürz-glace

für 8 Menüportionen

Strudel, Nuss-Quittenfüllung

3 Quitten, 400–500 g

300 ml Süssmost

200 g Zucker

1 Vanilleschote «Tahiti»

50 g Panierbrösel

30 g fein gehackte Nüsse, z. B. Baumnüsse, Mandeln, Kürbiskerne

2 EL Zucker

1 Prise Zimtpulver

100 g geschmolzene Butter

Puderzucker, zum Bestreuen

Strudelteig

180 g Weissmehl

1 EL Sonnenblumenöl

ca. 60 ml Wasser

½ Ei, verquirlt (30 g)

je 1 Prise Salz und Zucker

1 TL Apfelessig (damit lässt sich der Teig leichter ziehen)

Mandarinenöl (Olivenöl mit Mandarinen aromatisiert)

① Mehl zu einem Kranz formen. Alle Zutaten in die Mitte geben und zu einem glatten Teig verarbeiten. 10 Minuten kneten, eine Kugel formen, mit Mandarinenöl bestreichen und mit Folie bedeckt an einem warmen Ort 2 Stunden ruhen lassen. Der Strudelteig kann gut eingefroren werden.

② Quittenflaum mit einem trockenen Tuch abreiben. Quitten schälen, vierteln, entkernen. Viertel in schmale Spalten schneiden. Schalen und Kerngehäuse mit Süssmost, Zucker und aufgeschnittener Vanilleschote aufkochen, etwa 10 Minuten kochen, kurz ziehen lassen, in ein Sieb giessen und Fond auffangen. Quittenspalten im Fond weichkochen. Abgiessen.

③ Panierbrösel und Nüsse in 1–2 EL geschmolzener Butter wenden. Zucker und Zimt zugeben und hell rösten.

④ Teig auf einem bemehlten Tuch zu einem grossen Rechteck ausrollen. Teig mit etwas Mandarinenöl einpinseln, vom Rand her ausziehen. Mit bemehlten Händen unter den Teig fassen. Diesen gleichmässig über beide Handrücken von innen nach aussen ausziehen, bis er durchscheinend dünn ist. Strudelteig wieder auf das Tuch legen, rechteckig ziehen. Dicke Ränder abschneiden.

⑤ Teig dem breiten Rand entlang erst mit Nussbröseln bestreuen, Quittenspalten darauf schichten. Wieder mit Nussbröseln bestreuen. Die freie Fläche des Teiges mit flüssiger Butter einpinseln. Das Tuch anheben, so dass sich der Strudel von selber einmal einrollt. Strudel in gleicher Weise noch zwei weitere Male einrollen. Enden zusammendrehen, überschüssigen Teig wegschneiden. Strudel auf ein mit Backpapier belegtes Kuchenblech legen. Mit flüssiger Butter einpinseln.

⑥ Ofen auf 190 °C Umluft vorheizen. Strudel mit Puderzucker bestreuen. Etwa 30 Minuten backen.

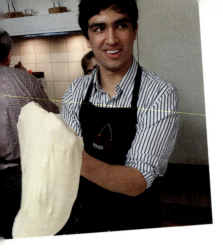

Zwetschgensauce

200 g reife Zwetschgen

60 g Zucker

40 ml Rotwein

1 cm Zimtrinde

⑨ Zwetschgen halbieren, Stein entfernen, mit Zucker, Rotwein und Zimt kochen, bis sie weich sind. Zimtrinde entfernen, Sauce pürieren und durch ein Sieb passieren.

Orangencreme

100 ml Orangensaft

½ Bio-Orange, fein abgeriebene Schale

1 Vanilleschote «Tahiti»

1 TL Ingwer, geschält, fein gerieben

½ EL Maizena

1 EL Grand Marnier

2 Eigelb

25 g Zucker

ausserdem zum Garnieren:

frische Früchte und gehackte Pistazienkerne

⑩ Orangensaft und Orangenschale, aufgeschnittene Vanilleschote und Ingwer auf dem Herd aufkochen. Zugedeckt 5 Minuten ziehen lassen. Maizena mit Grand Marnier glattrühren. Eigelb und Zucker schaumig rühren. Heissen Orangensaft und angerührtes Maizena unter die schaumigen Eier rühren. Auf kleiner Stufe oder über einem Wasserbad (siehe Seite 267) unter Rühren pochieren, bis die Creme bindet. Creme durch ein feines Sieb in eine Schüssel streichen. Mit Zucker bestreuen und zugedeckt auskühlen lassen.

⑪ Creme vor dem Anrichten glattrühren.

Gewürzglace

250 ml Milch

150 ml Rahm

1 Vanilleschote «Tahiti»

3 Eigelb

100 g Zucker

2 EL Gewürzmischung aus:

½ EL Korianderkörner

10 weisse Sarawak-Pfefferkörner

½ TL grüne Kardamomkörner

2 Sternaniszacken

⑦ Gewürze in einer Pfanne bei niedriger Temperatur leicht erwärmen, bis sie angenehm duften. Dann in der Gewürzmühle körnig mahlen. Milch und Rahm mit aufgeschnittener Vanilleschote aufkochen, Gewürze zugeben und zugedeckt 10 Minuten ziehen lassen. Eigelbe und Zucker schaumig schlagen. Vanilleschote aus dem Milch-Rahm-Gemisch entfernen, Gemisch nochmals aufkochen, unter die Eigelbmasse rühren. Auf kleiner Stufe oder über einem Wasserbad (siehe Seite 267) unter Rühren pochieren, bis die Masse bindet. Die Creme darf auf keinen Fall zu kochen beginnen. Durch ein feines Sieb in eine Schüssel passieren, zugedeckt auskühlen lassen. Danach kalt stellen.

⑧ Glacemasse in der Eismaschine gefrieren lassen.

Vorbereiten

①, ⑦, ②–⑤, ⑨, ⑩.

Fertigstellen

⑧, ⑥, ⑪: Strudel auf der Zwetschgensauce anrichten. Kugel Gewürzglace dazu legen. Früchte auf einem Streifen Orangencreme anrichten.

Noch mehr Herbst

1

2

3

Inspiriert vom Markt

4

5

3

Amuse-Bouche: **1**
Trüsche, Artischocke, Tomaten

Kaninchenleber, Heidelbeeren, Polenta **2**

Schupfnudeln, Herbstpilze **3**

4 Gams x 2, Wacholder,
Wildapfel, Feigen, Kohl, Kürbis

5 Reh & Hirsch, Apfel, Preiselbeeren,
Mangold, Pastinaken

6 Zwetschgenröster & Powidl, Vanille-Pfefferglace

 Trüschen (Quappen) oder
Zank unter den Dorschen
Gut zu wissen.

Trüschen

2 ganze Trüschen, vom Fischer enthäutet
(Trüschen haben eine schleimige Haut)

1 EL Zitronenöl
(Olivenöl mit Zitronen aromatisiert)

1 Rosmarinzweig, Nadeln abgestreift
und fein gehackt

weisser Pfeffer aus der Mühle

50 g Petersilienwurzel, geschält,
sehr fein gehackt

2 EL Weizengriess

200 ml Olivenöl, zum Ausbacken

Thymianöl
(Olivenöl mit Thymian aromatisiert)

8 confierte Cherry-Tomaten

Fleur de Sel

ausserdem zum Garnieren:

Gartenkresse oder Sprossen

① Kopf der Trüschen abschneiden. Zitronenöl, Rosmarin, Pfeffer und Petersilienwurzel zu einer Marinade rühren. Trüschen damit überziehen und zugedeckt 3 Stunden kalt stellen.

② Trüschen mit Griess leicht panieren und in Olivenöl ausbacken. Gebackene Trüschen entgräten, Filets mit einer Gabel zerpflücken. Confierte Tomaten untermischen, mit Fleur de Sel und Pfeffer nachwürzen, mit wenig Thymianöl beträufeln. Aus der Masse mit zwei Esslöffeln Nocken formen.

Trüsche
Artischocke
Tomaten

für 4 Menüportionen

Cherrytomaten, confiert

8 Cherrytomaten

je 1 TL Zitronen und Thymianöl
(Olivenöl, mit Zitronen respektive Thymian aromatisiert)

schwarzer Pfeffer aus der Mühle

Fleur de Sel

③ Ofen auf 95 °C Umluft vorheizen. Tomaten schälen, siehe Seite 267. Tomaten halbieren, mit Schnittfläche oben auf ein mit Backpapier belegtes Blech legen. Mit Zitronen- und Thymianöl beträufeln, mit Fleur de Sel salzen, mit Pfeffer bestreuen und im vorgeheizten Ofen etwa 90 Minuten confieren.

Artischocken

1 grosse Artischocke

2 EL Zitronensaft

Olivenöl

1 kleiner Peperoncino, entkernt, fein gehackt

1 EL Zwiebel, klein geschnitten

Kräutersalz

25 ml Fischfond, Rezept Seite 269

1 Thymianzweig, Blättchen abgezupft

wenig Thymianöl (Olivenöl mit Thymian aromatisiert)

④ Artischocke rüsten, siehe Seite 267. Aus dem Artischockenboden feine, etwa 3 mm dicke Scheibchen schneiden und diese sofort mit Zitronensaft überziehen, damit sie nicht anlaufen.

⑤ Artischocken mit Peperoncino und Zwiebeln in Olivenöl dünsten. Würzen mit Kräutersalz. Mit Fischfond ablöschen und etwa 5 Minuten köcheln, bis alles gar ist. Mit Thymianblättchen bestreuen, mit etwa 4 Tropfen Thymianöl beträufeln.

Vorbereiten   Fertigstellen
 ①, ③, ④, ②.   ⑤: Artischocken auf die Teller verteilen. Trüschen-Nocken darauf anrichten.

Kaninchenleber
Heidelbeeren
Polenta

für 4 Menüportionen

« Was uns zu
Kaninchenleber einfällt »
Gut zu wissen.

Kaninchenleber

250 g Kaninchenleber

1 EL Majoran, Blättchen gehackt

schwarzer Pfeffer aus der Mühle

1 Prise Fleur de Sel

1 EL Olivenöl

① Leber mit Majoran und Pfeffer würzen, flach in 2 Vakuumbeutel legen und vakuumieren,

② 25 Minuten bei 58 °C sous-vide garen. Aus den Beuteln entnehmen, mit angewärmtem Olivenöl beträufeln und leicht salzen.

Heidelbeer-Chutney

500 g Heidelbeeren

2 EL Zucker

1 Schalotte, geschält, klein geschnitten

1 Spross Stangensellerie, gewürfelt

50 ml Rotwein

2 EL Geflügelfond, Rezept Seite 270

1 TL Maizena, mit wenig Rotwein angerührt

2 EL Aceto Balsamico Tradizionale

½ TL schwarze Pfeffermischung, Rezept Seite 273

Piment d'Espelette

Fleur de Sel

③ Zucker karamellisieren, Schalotten und Stangensellerie zugeben und kurz glacieren. Ablöschen mit Rotwein und Geflügelfond. 2 Handvoll Heidelbeeren zugeben, 5–10 Minuten kochen, danach durch ein feines Sieb passieren. Zurück in die ausgewaschene Pfanne geben. Aufkochen, das angerührte Maizena unterrühren, restliche Heidelbeeren zugeben und aufkochen, mit Aceto Balsamico, Pfeffermischung, Piment d'Espelette und Fleur de Sel abschmecken. Hält sich im Kühlschrank einige Tage.

Polentataler

140 g Maisgriess, Bramata

½ l Wasser

1 Lorbeerblatt

Kräutersalz

weisser Pfeffer aus der Mühle

Olivenöl

④ Ofen auf 150 °C Unter-/Oberhitze vorheizen. Wasser mit Lorbeerblatt aufkochen. Bramata unter Rühren einrieseln lassen. 5 Minuten weiter rühren. Würzen mit Kräutersalz und Pfeffer. Zugedeckt in den vorgeheizten Ofen schieben und 40 Minuten garen.

⑤ Polenta auf eine Platte dünn ausstreichen, mit Folie bedecken und erkalten lassen. Kleine Rondellen ausstechen, auf ein mit Backpapier belegtes Blech setzen und mit Olivenöl beträufeln.

⑥ Ofen auf 195 °C Umluft aufheizen. Polentataler etwa 10 Minuten backen.

Vorbereiten
④, ①, ③, ⑤.

Fertigstellen
②, ⑥: Polentataler auf Heidelbeerchutney in kleine Teller anrichten. Kaninchenleber drauflegen, mit wenig Fleur de Sel und schwarzem Pfeffer bestreuen.

Schupfnudeln
Herbstpilze

für 4 Menüportionen

Herbstpilze, gemischt

4 feste, mittelgrosse Steinpilze

je ca. 300 g Eierschwämme (Pfifferlinge) und Kraterellen

1 Rigi-Trüffel
(einheimischer Burgundertrüffel)

1 EL Butter

100 ml Kalbsfond, Rezept Seite 271

Olivenöl

2 Thymianzweige, Blättchen abgezupft

schwarzer Tellicherry-Pfeffer aus der Mühle

Fleur de Sel

2 EL Portwein

Schupfnudeln

300 g mehlig kochende Kartoffeln

2 Eigelb

1 EL abgetropfter Quark

2 EL Parmesan, frisch gerieben

80 g Weissmehl

30 g Hartweizendunst oder Knöpflimehl

Meersalz

weisser Pfeffer aus der Mühle

Muskatnuss, gerieben

Butter, zum Anbraten

① Pilze putzen. Steinpilze halbieren. Grössere Eierschwämme von Hand zerteilen. Eierschwämme und Kraterellen kurz in kochendem Salzwasser blanchieren. Gut abtropfen lassen.

② Trüffel fein hacken, in Butter und Kalbsfond aufkochen, blanchierte Eierschwämme und Kraterellen zugeben und etwa 5 Minuten garen.

③ Backblech mit Backpapier auslegen und mit Olivenöl bestreichen. Steinpilze, mit der Schnittfläche oben, darauflegen. Mit Thymianblättchen, Pfeffer und Fleur de Sel bestreuen. 30 Minuten marinieren.

④ Ofen auf 210 °C Umluft/Grill vorheizen. Steinpilze vor dem Anrichten mit Olivenöl und Portwein beträufeln, 5–10 Minuten im vorgeheizten Ofen backen.

⑤ Ofen auf 80 °C Umluft vorheizen. Kartoffeln in der Schale kochen, abgiessen, auf ein Backblech geben und 10 Minuten im Ofen trocknen. Auskühlen lassen. Am besten über Nacht. Kartoffeln schälen und durch die Kartoffelpresse drücken.

⑥ Eigelbe mit Quark und Parmesan verrühren, zusammen mit Weissmehl und Hartweizendunst unter die passierten Kartoffeln arbeiten. Kartoffelteig würzen mit Salz, Pfeffer und Muskatnuss. Eine Probenudel kochen. Teig auf wenig Mehl zu 1 cm dicken Rollen formen, in ca. 4 cm lange Stücke schneiden, diese zwischen bemehlten Handflächen zu kleinen, an den Enden zugespitzten Würstchen formen. Auf ein bemehltes Küchentuch legen. Die Schupfnudeln in reichlich Salzwasser kochen, bis sie an die Oberfläche steigen. Mit Siebkelle herausnehmen und kalt abschrecken.

⑦ Schupfnudeln vor dem Anrichten in einer Bratpfanne in Butter kurz braten.

Vorbereiten   **Fertigstellen**

⑤, ⑥, ①, ③.   ⑦, ④, ②: Pilzragout in einem tiefen Teller anrichten. Schupfnudeln darauf legen. Mit Steinpilzen garnieren.

193

Gamsrücken

1 Gamsrücken, Entrecôte und Filets ausgelöst, ca. 800 g

2 EL schwarze Pfeffermischung, Rezept Seite 274

½ EL Wacholderbeeren, gehackt

1 Rosmarinzweig, Nadeln abgestreift und fein gehackt

2 EL Orangenöl
(Olivenöl mit Orangen aromatisiert)

Je 1 EL Olivenöl und Butter, zum Anbraten

Gewürzsalz für Wild, Rezept siehe Seite 273

① Gamsrücken parieren. Parüren für den Gamsfond verwenden. Pfeffermischung, Wacholder und Rosmarin mit dem Orangenöl im Mörser verreiben. Fleisch (Entrecôte und Filets) mit der Marinade einreiben. 3 Stunden zugedeckt marinieren.

② Ofen mit einem Gitter und Auffangschale auf 160 °C Umluft vorheizen. Gams-Entrecôte in Olivenöl-Butter-Mischung anbraten, mit Gewürzsalz einreiben. Auf das Gitter legen und im vorgeheizten Ofen auf 58 °C Kerntemperatur garen. Dauer 10–15 Minuten. Ofen ausschalten und bei offener Türe 15 Minuten abstehen lassen.

③ Gamsfilets in Olivenöl-Butter-Mischung kurz anbraten, salzen und pfeffern, kurz abstehen lassen.

Gams x 2

Wacholder
Wildapfel
Feigen Kohl
Kürbis

für 8 Menüportionen

Gamsfond

Parüren, wenn vorhanden:
gehackte Knochen vom Gamsrücken

1 EL Olivenöl

Mirepoix: 2 Karotten, 3 Schalotten,
1 Spross Stangensellerie

2 EL Tomatenpüree

300 ml kräftiger Rotwein

2 Liter Wildfond, Rezept Seite 272

2 Lorbeerblätter

1 EL Thymianblättchen

④ Knochen kurz blanchieren, abgiessen und unter fliessendem Wasser abspülen. Gemüse für den Mirepoix schälen und zerkleinern. Knochen in Olivenöl anrösten. Parüren und Mirepoix zugeben und 5 Minuten rührbraten. Tomatenpüree zugeben und unter Rühren kurz mitdünsten. Mit Rotwein portionsweise unter Rühren glacieren und Flüssigkeit auf ein Drittel einkochen. Mit Wildfond auffüllen, Kräuter zugeben, aufkochen und bei niedriger Stufe auf die Hälfte einköcheln. Durch ein feines Sieb abgiessen.

Wacholdersauce

1 EL Zucker

2 Schalotten, geschält, klein geschnitten

300 ml Rotwein

1 Quitte, davon ein Viertel
(Rest für das Gamsragout verwenden)

2 EL Wacholder, gehackt

1 Petersilienwurzel, geschält, fein gewürfelt

½ l Gamsfond siehe nebenan

1 EL Orangenöl
(Olivenöl mit Orangen aromatisiert)

Meersalz

⑤ Quittenflaum mit einem trockenen Tuch abreiben. Quitte schälen, Kernhaus entfernen, in Würfel schneiden. Zucker karamellisieren, Schalotten zugeben und kurz glacieren, mit Rotwein ablöschen, auf etwa 100 ml einkochen. Ein Viertel der gewürfelten Quitte sowie Wacholder und Petersilienwurzel zugeben und mit dem Gamsfond auffüllen. Langsam auf einen Viertel einkochen lassen.

⑥ Sauce mit Stabmixer pürieren. Vor dem Anrichten mit 1 EL Orangenöl aufmixen. Abschmecken mit Meersalz.

Gamsragout

400 g Gamsragout vom Schlegel

½ EL Gewürzsalz für Wild, Rezept Seite 273

restliche drei Viertel der Quittenwürfel, siehe Wacholdersauce

250 g Zwiebeln, geschält, klein geschnitten

1 EL Olivenöl

1 TL mildes Paprikapulver

1 Msp Piment d'Espelette

2 EL Tomatenpüree

½ l Gamsfond siehe vorhergehende Seite

⑦ Gamsfleisch in kochendem Salzwasser blanchieren, in ein Sieb abgiessen und kalt abspülen. Mit Gewürzsalz würzen.

⑧ Ofen auf 150 °C Unter-/Oberhitze vorheizen. Zwiebeln in einem Schmortopf in Olivenöl blond dünsten. Paprika, Piment und Tomatenpüree unterrühren und kurz mitdünsten. Fleisch und Quittenwürfel dazu geben und weitere 10 Minuten dünsten. Gamsfond zugeben. Im Ofen mit leicht geöffnetem Deckel etwa 40 Minuten weich schmoren.

Kohl und Kürbisgemüse

3 Federkohlblätter

½ Palmkohl

¼ Wirz

250 g Rosenkohl

Kräutersalz

1 kleiner Knirps/Potimarron Kürbis

2 EL Mandarinenöl
(Olivenöl mit Mandarinen aromatisiert)

½ Bio-Orange, fein abgeriebene Schale

1 Knoblauchzehe, geschält, fein gewürfelt

1 TL Fleur de Sel

schwarzer Pfeffer aus der Mühle

25 g Honig

2 EL Orangensaft

½ Chilischote, entkernt, fein gewürfelt

25 ml weisser Balsamessig

2 EL Mandarinenöl

Feigensenf

240 g frische Feigen

25 g Senfpulver, Colman's

60 g feiner Dijonsenf

60 g Himbeeressig

120 g Akazienhonig

50 ml Süsswein

1 Prise grüne Kardamomkörner, zerdrückt

3 dünne Ingwerscheiben, fein gewürfelt

⑨ Feigen schälen, Stielansatz entfernen und in Würfelchen schneiden. Senfpulver und Senf mit der Hälfte des Himbeeressigs anrühren. Honig erwärmen, leicht köcheln lassen, bis er hellbraun ist. Mit restlichem Essig und Süsswein ablöschen, Gewürze zugeben, aufkochen, zugedeckt auf kleinster Stufe 10 Minuten ziehen lassen. Durch ein feines Sieb passieren. Zwei Drittel der Feigenwürfel zugeben und 10 Minuten auf kleinster Stufe kochen, den angerührten Senf beifügen, mit Stabmixer pürieren. Restliche Feigen zugeben, einmal aufkochen.

⑩ Palmkohl und Wirz in die einzelnen Blätter zerlegen. Stiele entfernen. Alle Blätter zerzupfen. Rosenkohlblättchen abzupfen. Kohlsorten nacheinander in kochendem Salzwasser blanchieren. Mit Drahtkelle herausnehmen und kalt abschrecken, abtropfen lassen. Alle Kohlsorten in eine Schüssel geben, mit Kräutersalz würzen, zugedeckt beiseite stellen.

⑪ Kürbis schälen, halbieren und entkernen, in Würfel schneiden. Würfel mit Mandarinenöl, Orangenschale, Knoblauch, Fleur de Sel und Pfeffer mischen. Ofen auf 180°C vorheizen. Kuchenblech mit Backpapier auslegen. Kürbiswürfel auf das Blech verteilen, etwa 10 Minuten im vorgeheizten Ofen backen

⑫ Honig mit Orangensaft, Chilischote und weissem Balsamessig zur Hälfte einkochen. Jus mit dem Mandarinenöl aufmixen. Kürbiswürfel mit der Marinade mischen.

⑬ Kürbiswürfel vor dem Anrichten mit dem Kohlgemüse im Wok mischen und erwärmen.

Wildäpfel

8 Wildäpfel

100 ml Wasser

50 g Zucker

2 cm Cassia-Zimtstange

⑭ Wasser, Zucker und Zimt aufkochen. Zugedeckt 10 Minuten ziehen lassen. Nochmals aufkochen, Äpfel mit einer Nadel einstupfen und im Fond 10 Minuten ziehen lassen. Zugedeckt zur Seite stellen.

Vorbereiten
①, ④, ⑦, ⑧, ⑤, ⑨, ⑩–⑫, ⑭.

Fertigstellen
②, ⑥, ⑬, ③: Gamsragout anrichten, Gemüse dazulegen. Gams-Entrecôte und -filets aufschneiden und darauflegen. Mit Wacholdersauce umgiessen. Einen Streifen Feigensenf auf das Fleisch geben. Mit Wildäpfeln garnieren.

Noch mehr Herbst

Hirsch & Reh

Apfel Preiselbeerer Mangold Pastinaken

für 4 Menüportionen

Hirschkoteletts und Rehrücken

1 Hirschrack mit 5 Rippenknochen

400 g Rehrücken, ausgelöst

2 EL Wacholderbeeren, gehackt

¼ Bio-Orange, fein abgeriebene Schale

1 Rosmarinzweig, Nadeln abgestreift, fein gehackt

½ EL schwarzer Pfeffer

Orangenöl (Olivenöl mit Orangen aromatisiert)

Olivenöl, zum Anbraten

Gewürzsalz für Wild, Rezept Seite 273

① Hirschracks und Reh sauber parieren, Parüren für den Wildjus verwenden. Wacholder, Orangenschale, Rosmarin und Pfeffer mit dem Orangenöl im Mörser verreiben. Fleisch mit der Marinade einreiben. 3 Stunden zugedeckt marinieren. Parüren für den Wildjus verwenden.

② Ofen mit einem Gitter und Auffangschale auf 230 °C Unter-/Oberhitze vorheizen. Hirschrack und Rehrücken in einer Bratpfanne in Olivenöl anbraten, mit Gewürzsalz würzen. Auf das Gitter legen und im vorgeheizten Ofen auf 62 °C Kerntemperatur garen. Dauert etwa 10 Minuten. Herausnehmen und 10 Minuten zugedeckt abstehen lassen.

Genug ist nie genug. Zweimal Wild hintereinander passt nicht in ein
ausgewogenes Menü. Aber die Gams war nun einmal da, Reh und Hirsch auch.
Und beide sollen unbedingt ins Buch kommen. Die Fleischtiger
der Kochgruppe haben daran nichts auszusetzen. Sie würden auch das Dessert
durch Wild ersetzen.

« Wild auf Wild,
ein Zwischenruf »
Gut zu wissen.

Wildjus

Mirepoix: ½ Karotte, ½ Petersilienwurzel,
½ Zwiebel, 1 Knoblauchzehe

Parüren vom Hirschrack und Rehrücken

1 EL Olivenöl

1 EL Wacholderbeeren, zerdrückt

1 EL Tomatenpüree

100 ml kräftiger Rotwein

300 ml Wildfond, Rezept Seite 273

Meersalz

schwarzer Pfeffer aus der Mühle

③ Gemüse für den Mirepoix schälen
und zerkleinern. Parüren in Olivenöl
kurz anbraten, Mirepoix zugeben und 5
Minuten rührbraten. Tomatenpüree und
Wacholderbeeren unterrühren und kurz
mitdünsten. Mit Rotwein portionsweise
unter Rühren glacieren und Flüssigkeit
auf einen Drittel einkochen. Wildfond
zugeben und langsam auf die Hälfte einkochen lassen. Absieben. Würzen mit Salz
und Pfeffer.

Äpfel mit Preiselbeerfüllung

4 kleine Äpfel, Sauergrauech

150 g Preiselbeeren

50 g Zucker

4 EL Süssmost

weiche Butter, zum Einfetten der Form

④ Apfelspitze mit der Fliege flach wegschneiden damit der Apfel steht, das
obere Viertel der Stielseite als Deckel
abschneiden. Kerngehäuse mit einem
Pariserlöffel entfernen. In eine gebutterte Gratinform stellen. Preiselbeeren mit
Zucker und Süssmost weichkochen, Beeren absieben, Jus stark einkochen und die
Beeren wieder zugeben. Äpfel damit füllen. Deckel aufsetzen.

⑤ Ofen auf 180 °C Unter-/Oberhitze
vorheizen. Äpfel 30 Minuten im vorgeheizten Ofen garen.

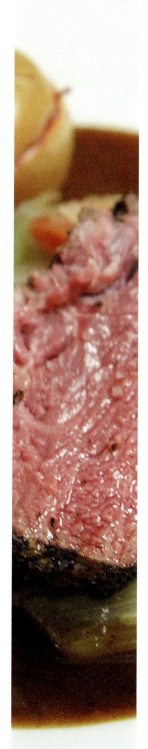

Krautstiele

Je 2 bunte Krautstiele weiss, gelb, rot

Milchwasser

1 EL Orangenöl
(Olivenöl mit Orangen aromatisiert)

1 Schalotte, geschält, klein geschnitten

Fleur de Sel

schwarzer Pfeffer aus der Mühle

(6) Blätter bei den Krautstielen entfernen. Stiele in Rhomben schneiden. Weisse Krautstiele in Milchwasser einlegen oder sofort in kochendem Salzwasser blanchieren. Rote und gelbe Krautstiele separat blanchieren.

(7) Orangenöl erhitzen und die Schalotte andünsten, Krautstiele zugeben und kurz mitdünsten. Würzen mit Fleur de Sel und Pfeffer.

Pastinakenpüree

300 g Pastinaken

ca. 30 ml Milch

30 ml Rahm

1 EL Butter

Meersalz

weisser Pfeffer aus der Mühle

10 grüne Kardamomkörner, zerdrückt

(8) Geschälte Pastinaken in Scheiben schneiden, in kochendem Salzwasser weich kochen, Wasser abgiessen. Pastinaken im Cutter pürieren.

(9) Pastinakenpüree mit Milch, Rahm und Butter glattrühren. Würzen mit Salz, Pfeffer und Kardamom.

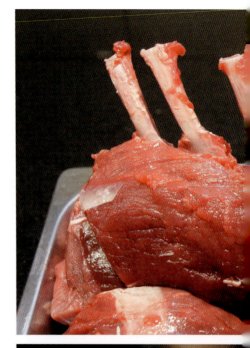

Vorbereiten
(1).(3).(4).(6).(8).

Fertigstellen
(5).(2).(9).(7):
Pastinakenpüree und Krautstiele anrichten. Fleisch aufschneiden und dazulegen. Äpfel dazugeben. Mit Wildjus umgiessen.

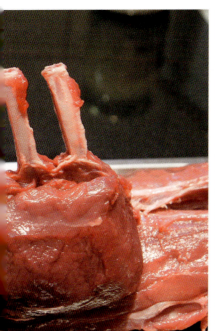

Zwetschgenröster & Powidl
Vanille-Pfefferglace

für 8 Menüportionen und etwa 20 Tatschkerln

Zwetschgenröster

500 g reife Zwetschgen

75 g Zucker

100 ml roter Portwein

½ Bio-Orange, fein abgeriebene Schale

① Zwetschgen halbieren, Stein entfernen. Fruchthälften nochmals halbieren, mit Zucker und Portwein weichkochen. Etwa ein Viertel der Zwetschgen mit Saft pürieren. Übrige Zwetschgen unter das Zwetschgenpüree rühren, mit Orangenschale abschmecken. Was nicht sofort gebraucht wird, aufkochen und heiss in Konfitürengläser füllen. Haltbarkeit: 1 Jahr.

Vanille-Sarawak-Pfeffer-Glace

250 ml Milch

150 ml Rahm

1 Vanilleschote «Tahiti»

5 g weisse Sarawak-Pfefferkörner, zerstossen

3 Eigelb

125 g Zucker

② Milch und Rahm mit aufgeschnittener Vanilleschote und Pfeffer aufkochen, von der Wärmequelle ziehen und zugedeckt mindestens 30 Minuten ziehen lassen. Eigelb und Zucker schaumig schlagen. Milch-Rahm-Gemisch nochmals aufkochen, Vanilleschote entfernen. Das heisse Gemisch in die Eimasse rühren, auf kleiner Stufe oder über einem Wasserbad (siehe Seite 267) unter Rühren pochieren, bis die Masse bindet. Die Creme darf auf keinen Fall zu kochen beginnen. Durch ein Sieb passieren und zugedeckt erkalten lassen. Creme über Nacht in den Kühlschrank stellen.

③ Creme in der Eismaschine gefrieren lassen.

Powidl

2 kg sehr reife Zwetschgen

200 g Dörrzwetschgen

300 g Gelierzucker

2 Zimtstangen

80 g Strohrum

④ Zwetschgen halbieren, Stein entfernen. Dörrzwetschgen kleinschneiden. Frische Zwetschgen und Dörrzwetschgen mit Gelierzucker mischen, 1 Stunde zugedeckt stehen lassen. Danach pürieren.

⑤ Ofen auf 160 °C Unter-/Oberhitze aufheizen. Zwetschgenpüree und Zimtstangen in einen Bräter füllen, in den Ofen stellen, Deckel nur lose aufsetzen, damit Flüssigkeit verdampfen kann. Etwa 6 Stunden einkochen lassen. Während der Garzeit das Püree immer wieder rühren und am Rand mit einem Spachtel abschaben. Der Powidl ist fertig, wenn er auf einen Fünftel eingedickt ist. Strohrum unterrühren. Was nicht sofort gebraucht wird, heiss in Einmachgläser füllen. Haltbarkeit: 12-18 Monate.

Powidltatschkerln

250 ml Wasser

50 g Butter

1 Prise Salz

200 g Weissmehl

1 Ei

1 Eigelb

½ TL Macispulver (Muskatblüten)

¼ TL Ingwerpulver

1 TL Zimtblüten, gemahlen

200 g Powidl

1 Eigelb, zum Bestreichen

Puderzucker

⑥ Wasser und Butter mit Salz aufkochen. Mehl im Sturz zugeben, rühren bis sich der Teig vom Pfannenboden löst. Etwas auskühlen lassen. Gewürze, Ei und Eigelb portionsweise unterrühren, bis der Teig glänzt und geschmeidig ist. 1 Stunde im Kühlschrank ruhen lassen.

⑦ Teig etwa 3 mm dick ausrollen. 8 cm grosse Rondellen ausstechen. Etwas Powidl daraufgeben, zu einem Halbmond falten. Auf ein mit Backpapier belegtes Blech legen. Mit Eigelb bestreichen.

⑧ Ofen auf 180 °C Unter-/Oberhitze aufheizen. Etwa 20 Minuten im vorgeheizten Ofen backen. Mit Puderzucker bestreuen.

Nuss-Knusperstreusel

60 g weiche Butter

120 g Zucker

1 EL Waldhonig

60 g Haselnüsse, gehackt

¼ TL Kakaopulver

2 Prisen Cayennepfeffer

60 g Weissmehl

60 g Haferflocken

2 TL Rosmarinnadeln, gehackt

⑨ Butter mit Zucker und Honig schaumig rühren. Restliche Zutaten unterrühren. In einer gut schliessenden Vorratsschale aufbewahren

Vorbereiten
②, ④, ⑤, ⑥, ⑨, ①, ⑦.

Fertigstellen
③, ⑧: Eine Kugel Vanille-Sarawak-Glace auf den Zwetschgenröster legen. Mit Nussknusperstreuseln garnieren. Tatschkerln dazulegen.

Noch mehr Herbst

Nun sind sie wieder eingepackt, die Marktstände. Die Schreie der Möwen durchbrechen den frostigen, nebligen Morgen. Das Angebot auf dem Luzerner Freiluftmarkt hat sich, gegenüber den andern Jahreszeiten, gewandelt. Abhängig von der Aussentemperatur, sind nur noch wenige Marktfahrer beiderseits der Reuss anzutreffen. Die Vielfalt der Wurzel- und Knollengemüse, Kohlarten und Bittersalate bestimmen das winterliche Angebot, als willkommene Abwechslung Tarocco Orangen und die Urmandarinen aus Paterno im südlichen Sizilien. Die winterlichen Gerichte stehen nun im Einklang mit Lagergemüse und Kernobst, harmonisch abgestimmt mit wärmenden Gewürzen.

Winter nacht

Winternacht, so bunt treibts der Winter

So bunt treibts

erWinter

Winternacht, so bunt treibts der Winter

1

2

3

Inspiriert

4 5

6

1 Amuse-Bouche:
Wintergemüsetöpfchen

2 Röteli, Sauerkraut, Tandoori

3 Egli, Chicorée, Rotweinbutter

4 Kuttel-Bolognese, Kaninchenleber,
Wacholdernudeln

5 Rehrücken, Quittenchutney,
Wintergemüse

6 Mandarinentörtchen, Orangen,
Zimtparfait, Hagebutten

vomMarkt

Winter-gemüse töpfchen

für 4 Menüportionen

Gemüsegratin

4 bunte Krautstiele

1 kleine Pastinake

1 Petersilienwurzel

1 rote Karotte

1 kleine Pfälzerrübe

1 weisse Karotte

2 TL Orangenöl (Olivenöl mit Orangen aromatisiert)

schwarzer Pfeffer aus der Mühle

Fleur de Sel

1 Prise Zucker

weiche Butter, zum Einfetten der Förmchen

für den Guss:

100 g Freiburger Vacherin

100 ml Rahm

1 Eigelb

2 TL Trüffelbutter

Muskatnuss, gerieben

schwarzer Pfeffer aus der Mühle

Schlagrahm

① Ofen auf 150 °C Unter-/Oberhitze vorheizen. Krautstiele von den Blättern schneiden. Harte Gemüse schälen. Alles in kleine Würfel schneiden. Mit Orangenöl, Pfeffer, Zucker und Fleur de Sel mischen und auf ein mit Backpapier belegtes Blech verteilen. 30 Minuten im vorgeheizten Ofen rösten.

② Vacherin würfeln, mit Rahm im Wasserbad bei etwa 70 °C zu einer homogenen Creme schmelzen, Eigelb und Trüffelbutter unterrühren und würzen. Mit Gemüsewürfeln mischen und in kleine, eingefettete Gratinförmchen verteilen.

③ Ofen auf 220 °C Grill/Umluft vorheizen. Förmchen mit etwas geschlagenem Rahm überziehen und im vorgeheizten Ofen 10 Minuten gratinieren.

Vorbereiten
①, ②.

Fertigstellen
③.

Rötelifilets

10 Rötelifilets, (Saiblinge), 2 davon für die Farce verwenden

1 EL zerstossene Gewürzmischung: gleiche Teile Ajowan, roter Szechuanpfeffer, Fenchelkörner, Paradieskörner und roter Kampot-Pfeffer

je 1 EL Olivenöl und Butter, zum Anbraten

für die Farce:

100 g Rötelifilet, enthäutet

80 g Rahm

½ Scheibe Toastbrot, ohne Rinde, gewürfelt

4 Dillzweige, gehackt

½ EL Gewürzsalz für Fische, Rezept Seite 273

2 EL Noilly Prat

2 Scheiben Parma Schinken, fein gewürfelt

Je ½ EL Olivenöl und Butter, zum Anbraten

für die Panierung:

4 EL Weissmehl

1 Ei, aufgeschlagen

6 EL Weissbrotbrösel (Mie de Pain)

ausserdem zum Garnieren:

Thymianzweige

Röteli
Sauerkraut
Tandoori

für 4 Menüportionen

Tandoorisauce

1 Becher Naturjoghurt, 150 g

2 EL Magerquark

½ EL Tandooripaste

1 Prise Zucker

Kräutersalz

1 Prise Piment d'Espelette

④ Zutaten miteinander verrühren.

① 8 Rötelifilets mit der Gewürzmischung bestreuen und 1 Stunde zugedeckt kaltstellen.

② Für die Farce 2 Rötelifilets klein schneiden und mit Rahm, Toastbrot, Dill und Gewürzsalz mischen. 10–15 Minuten im Tiefkühlfach kalt stellen. Durchgekühlte Mischung mit dem Noilly Prat cuttern. Parmaschinken-Würfelchen unterrühren. Farce in einen Spritzbeutel mit glatter Tülle füllen, auf die Bauchseite von 4 Rötelifilets verteilen und mit den restlichen 4 Filets gegengleich bedecken.

③ Röteli im Mehl wenden, durch das aufgeschlagene Ei ziehen und in den Bröseln wälzen. In Olivenöl-Butter-Mischung 2–3 Minuten beidseitig anbraten.

Buntes Sauerkraut

500 g rohes Sauerkraut

1 mittelgrosse Zwiebel, geschält, klein geschnitten

1 EL Olivenöl

200 g Wurzelgemüse, geschält, fein gewürfelt
(Karotten, Pfälzerrübe, Petersilienwurzel, Lauch, Sellerie)

1 Lorbeerblatt

1 geschälter Apfel, fein gewürfelt

200 ml Süssmost

100 ml trockener Weisswein

1 mittelgrosse, mehlig-kochende Kartoffel, gerieben

Kräutersalz

schwarzer Pfeffer aus der Mühle

4 EL saurer Halbrahm

⑤ Ofen auf 150 °C Unter-/Oberhitze aufwärmen. Sauerkraut grob hacken. Zwiebel im Olivenöl glasig dünsten. Gemüsewürfel, Lorbeerblatt, Apfel, 100 ml Süssmost und Weisswein zugeben, aufkochen und Sauerkraut darunter rühren. Mit Backpapier abdecken und zugedeckt im Ofen bei 150 °C mindestens eine Stunde garen. Geriebene Kartoffel mit dem restlichen Süssmost mischen und unter das Sauerkraut geben. Weitere 15 Minuten garen. Würzen mit Kräutersalz und Pfeffer.

⑥ Vor dem Anrichten aufwärmen und mit Sauerrahm verfeinern.

Vorbereiten
①,⑤,②,④.

Fertigstellen
⑥,③: Röteli auf dem Sauerkraut anrichten und mit der Tandoori-Joghurtsauce umgiessen.

Egli & Chicorée & Rotweinbutter

für 4 Menüportionen

Eglifilets

4 ganze Egli, à 160 g

2 EL Zitronenöl
(Olivenöl mit Zitronen aromatisiert)

1 TL Fenchelsamen, zerstossen

8–10 rosa Pfefferkörner, zerstossen

Fleur de Sel

ausserdem:

3 EL Belugalinsen

2 EL Lauch, vom grünen Teil, feingewürfelt

① Egli filetieren, Mittelgräte mit V-Schnitt (siehe Seite 284) entfernen, starke Gräten mit der Flachzange entfernen. Mit Zitronenöl bestreichen, mit Fenchel und rosa Pfeffer bestreuen und im Kühlschrank zugedeckt 3 Stunden marinieren.

② Aus Fischabschnitten und Gräten einen Fischfond kochen, Rezept Seite 269.

③ Ofen auf 200 °C Unter-/Oberhitze vorheizen. Backblech mit Backpapier belegen. Eglifilets mit der Hautseite oben auf das Blech legen, mit Fleur de Sel bestreuen und im vorgeheizten Ofen etwa 4 Minuten garen.

④ Vor dem Anrichten Linsen in Salzwasser garkochen, Lauchwürfel in Salzwasser blanchieren.

Rotweinbutter

1 TL Puderzucker

1 Schalotte, geschält, klein geschnitten

350 ml kräftiger Rotwein

200 ml Fischfond

1 Thymianzweig, Blättchen abgezupft und fein gehackt

30 g kalte Butter

Meersalz

weisser Pfeffer aus der Mühle

Cayennepfeffer

⑤ Puderzucker karamellisieren, Schalotte zugeben und kurz glacieren, mit Rotwein und Fischfond ablöschen und auf etwa 100 ml einreduzieren. Gegen Ende den Thymian zugeben. Absieben.

⑥ Erwärmte Reduktion mit kalter Butter aufschlagen. Mit Salz, Pfeffer und wenig Cayenne würzen.

Chicorée, sous-vide

2 kleine, rote Chicorée (Brüsseler Endivien)

Fleur de Sel

Zucker

weisser Pfeffer aus der Mühle

Puderzucker

⑦ Am Wurzelansatz des Chicorée einen kegelförmigen Keil ausschneiden, Chicorée längs in Viertel schneiden, mit Fleur de Sel, Zucker und Pfeffer würzen. In Vakuumbeutel legen und schwach vakuumieren. 60 Minuten bei 85 °C sous-vide garen. Herausnehmen, den Saft auffangen und etwas einkochen

⑧ Ofen auf 240 °C Grill vorheizen. Backblech mit Backpapier belegen. Chicorée auf das Blech legen, mit Puderzucker bestäuben und kurz grillen, bis der Zucker karamellisiert.

Vorbereiten
①②⑦⑤.

Fertigstellen
④⑥⑧③: Chicorée auf die Teller verteilen. Mit dem Chicoréefond beträufeln. Egli darauf legen. Mit Rotweinbutter umgiessen. Mit Linsen und Lauch garnieren.

Kuttel-Bolognese

300 g gekochte Kutteln

2 rote Peperoni, geschält, entkernt

4 Tomaten geschält, siehe Seite 267

2 EL Olivenöl

3 Schalotten, geschält, klein geschnitten

2 Knoblauchzehen, geschält, zerdrückt

100 g Gemüse-Brunoise aus Karotte, Petersilienwurzel und Stangensellerie

30 g Tomatenpüree

½ EL Kreuzkümmel, zerdrückt

10 grüne Pfefferkörner, zerstossen

1 Lorbeerblatt

200 ml Rotwein

100 ml Bratenjus oder Kalbsfond dunkel, Rezept Seite 271

1 EL Honig

100 ml Marsala

Kräutersalz

schwarzer Pfeffer aus der Mühle

ausserdem:

4 EL glatte Petersilie, gehackt

Kuttel-
Bolognese
Kaninchenleber
Wacholder-
nudeln
für 4 Menüportionen

《 Sautieren? 》
Gut zu wissen.

Kaninchenleber

2–3 Kaninchenlebern

1 EL Butter

schwarzer Pfeffer aus der Mühle

2 Salbeiblätter, gehackt

Fleur de Sel

2 EL Bratenjus oder Kalbsfond dunkel, Rezept Seite 271

① Ofen auf 180 °C Unter-/Oberhitze vorheizen. Kutteln, Peperoni und Tomaten in kleine Würfel schneiden. Olivenöl in einer weiten Pfanne erhitzen, Schalotten, Knoblauch und Peperoni andünsten, Gemüse-Brunoise mitdünsten, bis das Gemüse Farbe annimmt. Kutteln und Tomaten dazugeben, kurz mitdünsten. Tomatenpüree und Gewürze darunter rühren und mit Rotwein portionsweise glacieren. Zum Schluss Bratenjus und Honig zugeben, aufkochen und im vorgeheizten Ofen zugedeckt 1 Stunde schmoren.

② Kuttel-Bolognese in ein Sieb giessen, den Fond auffangen, mit Marsala einkochen bis die Sauce bindet. Kutteln zurück in die Sauce geben. Abschmecken mit Kräutersalz und Pfeffer. Warm stellen.

③ Unmittelbar vor dem Anrichten die Petersilie untermischen.

④ Leber in Würfel schneiden. Butter in einer Bratpfanne erhitzen bis sie schäumt, die Leberwürfel darin kurz sautieren. Würzen mit Pfeffer, Salbei und Fleur de Sel. Zum Schluss den Bratenjus untermischen.

Wacholdernudeln

100 g Weissmehl

70 g Hartweizendunst

1 Ei, aufgeschlagen

40 g Eigelb (2 Eigelb)

3–4 TL Wacholderextrakt (Latwerge)

2 EL Wacholderbeeren, fein gehackt

1 EL Butter

Hartweizendunst, zum Bestreuen

⑤ Zutaten zu einem festen, elastischen Teig verkneten. Zubereitung wie: Pastateig für Nudeln und Cannelloni, Seite 273. Teig in Folie einwickeln und 1 Stunde ruhen lassen.

⑥ Etwa 50 g Teig in der Nudelwalze etwa 1 mm dick auf Walzenbreite ausrollen. Teigband von Hand oder mit dem Schneidevorsatz zur Nudelwalze in Nudeln schneiden. Nudeln locker auf ein mit Hartweizendunst bestreutes Blech legen, um das Ankleben zu verhindern.

⑦ Vor dem Anrichten Wacholdernudeln in kochendem Salzwasser 3–4 Minuten bissfest kochen. Eine kleine Schöpfkelle Kochwasser mit der Butter in einer Pfanne aufkochen. Nudeln abgiessen und darin schwenken.

Vorbereiten
①, ⑤, ⑥, ②.

Fertigstellen
⑦, ④, ③: Bolognese auf die Teller verteilen und die Nudeln als Nest darauf anrichten. Leberwürfelchen darauf verteilen.

Rehrücken
Quitten-chutney
Wintergemüse

für 4 Menüportionen

Rehrücken

1 Rehrücken aus einheimischer Jagd, ca. 800 g bis 1 kg

2 EL schwarze Pfeffermischung, zerstossen, Rezept Seite 273

1 EL Wacholderbeeren, gehackt

1 Rosmarinzweig, Nadeln abgestreift und gehackt

2 EL Olivenöl

Gewürzsalz für Wild, Rezept Seite 273

Fleur de Sel

① Rehrücken parieren. Parüren für den Rehjus verwenden. Gewürze und Kräuter mit dem Olivenöl im Mörser verreiben, den Rehrücken mit der Marinade einreiben und 3 Stunden zugedeckt marinieren.

② Vor dem Anrichten Ofen auf 220 °C Unter-/Oberhitze aufheizen. Rehrücken mit Gewürzsalz einreiben und auf einem Gitter mit Auffangschale im vorgeheizten Backofen 10–15 Minuten garen, Ofen ausschalten und bei geöffneter Türe 15 Minuten ruhen lassen.

Rehjus

Parüren vom Rehrücken

1 EL Olivenöl

1 Zwiebel, geschält, klein geschnitten

2 EL Tomatenpüree

200 ml Rotwein

300 ml Kalbs- oder Wildfond, Rezept Seite 271 bzw. 272

Meersalz

schwarzer Pfeffer aus der Mühle

1 Prise Cayennepfeffer, gemahlen

③ Parüren klein schneiden, mit der Zwiebel im Olivenöl kurz anbraten. Tomatenpüree zugeben und unter Rühren kurz mitdünsten. Mit dem Rotwein portionsweise unter Rühren glacieren und Flüssigkeit auf die Hälfte einkochen. Fond zugeben und auf einen Viertel einkochen. Durch ein Sieb passieren, würzen mit Salz, schwarzem Pfeffer und Cayennepfeffer.

Buntes Wintergemüse

je 1 rohe gelbe und rote Rande (Bete),
à ca. 250 g

ca. 1.5 kg Meersalz, grob

8 Blätter Palmkohl

200 g Stachys

1 EL Olivenöl

Fleur de Sel

schwarzer Pfeffer aus der Mühle

2 EL geröstete Haselnüsse, geschält,
grob gehackt

2 EL Haselnussöl

Was Sie schon immer
« über Knollenziest wissen wollten, »
aber nicht zu fragen wagten
Gut zu wissen.

Quittenchutney

500 g Quitten

80 g Zucker

300 ml Süssmost

50 ml Apfelessig

10 Korianderkörner, zerdrückt

2 grüne Kardamomkörner

1 cm Zimtrinde

1 Chilischote, entkernt, fein gewürfelt

40 g Ingwer, geschält, fein gewürfelt

1 EL Akazienhonig

④ Ofen auf 180 °C Unter-/Oberhitze vorheizen. Randen in einem engen Gefäss in ein Bett von Meersalz legen, komplett mit Meersalz überdecken. Damit das Salz hält, mit wenig Wasser beträufeln. 2 Stunden im vorgeheizten Ofen backen. Herausnehmen, etwas abkühlen, die Salzschale wegmeisseln und Randen herausnehmen. Schälen und in 1 cm Würfel schneiden.

⑤ Palmkohlblätter von den Stielen zupfen und in kleine Stücke zerpflücken. In kochendem Salzwasser kurz blanchieren. Kalt abschrecken.

⑥ Stachys putzen.

⑦ Ofen auf 200 °C Unter-/Oberhitze aufheizen. Backblech mit Backpapier belegen. Stachys mit Olivenöl mischen, auf dem Backblech verteilen, mit Fleur de Sel und schwarzem Pfeffer bestreuen. Im vorgeheizten Ofen wenige Minuten backen, bis sie bissfest sind.

⑧ Randenwürfel, Palmkohl und Haselnüsse in einem Wok im Haselnussöl rührbraten. Gebackene Stachys untermischen.

⑨ Quittenflaum mit einem trockenen Tuch abreiben. Quitten schälen, vierteln, entkernen und in ½ cm grosse Würfel schneiden.

⑩ Zucker leicht karamellisieren. Mit Süssmost und Essig ablöschen. Koriander, Kardamom, Zimt sowie Schalen und Kerngehäuse der Quitten zugeben und auf die Hälfte einkochen. Durch ein feines Sieb passieren. Quittenwürfel, Chili und Ingwer dazugeben und 5 Minuten auf kleiner Stufe kochen. Mit Honig süssen. Was nicht sofort gebraucht wird, noch heiss in Konfitürengläser füllen. Haltbarkeit: 1 Jahr.

Vorbereiten
①,④,③,⑤–⑥,⑨,⑩.

Fertigstellen
②,⑦,⑧: Gemüse mit einem Metallring auf die Teller platzieren. Quittenchutney daneben anrichten. Abgestandenen Rehrücken aufschneiden und darauf legen. Mit Fleur de Sel bestreuen. Mit Rehjus umgiessen.

Winternacht, so bunt treibts der Winter

Mandarinen-törtchen
Orangen
Zimtparfait
Hagebutten

für 8 Menüportionen

Mandarinentörtchen

200 g Weissmehl

75 g Zucker

2 g Salz

1 Ei, aufgeschlagen

110 g kalte Butter

20 g Schokoladecouvertüre, geschmolzen

weiche Butter, zum Einfetten der Förmchen

für die Mandarinencreme:

80 g Eigelb (4 Eigelb)

150 g Zucker

1 Prise Salz

125 g Butter

100 ml Mandarinensaft

50 ml Zitronensaft

1 Bio-Zitrone, fein abgeriebene Schale

① Mehl auf Tischplatte sieben, Kranz formen. Zucker, Salz beifügen, Ei in die Vertiefung geben und von Hand mischen. Kalte Butter stückweise beifügen, alles mit dem Mehl kurz zusammenwirken. Teig in Folie einwickeln und 1 Stunde kalt stellen.

② Ofen auf 160 °C Umluft aufheizen. 8 Tartelette-Förmchen von 5 cm Durchmesser einbuttern. Den Mürbteig 2–3mm dick ausrollen, in der Grösse der Tartelettes rund ausstechen, die Förmchen damit auslegen. Boden mit einer Gabel einstechen. Mit Backbohnen belegen und etwa 10 Minuten blind backen. Tartelettes auskühlen lassen. Innenseite mit flüssiger Schokolade bestreichen. Nicht verwendeter Teig kann tiefgefroren werden.

③ Für die Mandarinencreme Eigelbe, Zucker und Salz schaumig rühren. Butter in einem Pfännchen zerlassen und langsam in die Eigelbe rühren. Fruchtsäfte und Zitronenschale aufkochen und in die Ei-Buttermasse einrühren. Die Creme auf kleiner Stufe (85 °C) abrühren bis die Masse bindet. In eine Schüssel umgiessen, mit Klarsichtfolie bedecken, kaltstellen und auskühlen lassen.

④ Ofen auf 200 °C Umluft/Grill aufheizen. Mandarinencreme aufmixen und in die Tartelettes füllen. Im vorgeheizten Ofen 8–10 Minuten backen. Die Oberfläche der Creme soll leicht kräuseln. Vor dem Servieren 10 Minuten stehen lassen.

Zimtparfait (Halbgefrorenes)

2 Eigelb

80 g Zucker

1 EL Marsala

2 Eiweiss

1 Prise Salz

1 EL Zucker

200 g Rahm

2 TL Zimt, gemahlen

1 EL Bio-Orangenschale, fein gerieben

ausserdem zum Bestreuen:

Zimt

Orangensalat Oriental

4 Tarocco Orangen

100 ml Süssmost

10 Karkadeblüten

½ Stück Sternanis

2 EL Honig

1 EL Maizena, angerührt in 2 EL Süssmost

1-2 EL Grand Marnier

1 Granatapfel, Kerne ausgelöst

⑥ Orangen schälen und filetieren. Filets in einem Sieb abtropfen lassen. Abgetropfter Orangensaft und Süssmost mit Karkadeblüten, Sternanis und Honig bis auf etwa 100 ml einkochen. Absieben. Angerührtes Maizena zugeben und kurz aufkochen. Mit Grand Marnier abschmecken. Orangenfilets abwechselnd mit Granatapfelkernen in Gläschen schichten und mit der Reduktion übergiessen.

⑤ Eigelbe mit Zucker und Marsala schaumig schlagen. Eiweisse mit einer Prise Salz und dem Zucker zu festem Eischnee schlagen. Eiweiss unter die Eigelbmasse heben. Rahm steif schlagen, mit Zimt und Orangenschale unter die Eimasse heben und in eine vorgekühlte Dreiecksform füllen. Während 2 Stunden gefrieren lassen.

Hagebuttensauce

250 g Buttenmost

50 ml Orangensaft oder Quittensaft

100 g Zucker

1 Zacken Sternanis

1 TL Scorzette di Arance (Orangenschalenconfit aus dem Glas)

⑦ Orangensaft mit Zucker, Sternanis und den Scorzette aufkochen, Buttenmost einrühren und auf kleiner Stufe etwa 1 Stunde köcheln.

« Buttenmost, eine regionale Spezialität »
Gut zu wissen.

Vorbereiten
⑤, ①, ⑦, ③, ②, ⑥.

Fertigstellen
④: Mandarinentörtchen auf einem Streifen Hagebuttensauce anrichten. Zimtparfait in Scheiben schneiden und auf die Teller legen. Mit einem Hauch Zimt bestreuen. Mit einem Gläschen Orangensalat servieren.

Oh Du fröhliche...

Zum Weihnachtsfest haben wir noch ein paar einzelne Leckereien anzubieten, von denen sich die eine oder andere gut in ein Weihnachtsmenü einbauen lässt.

Hecht
Zedratzitrone
Artischocken

für 6 Menüportionen

« Pojarski,
ein Kotelett für
den Zaren »

Gut zu wissen.

Hechtpojarski

160 g Hechtfilet, entgrätet

1 Bundzwiebel, klein geschnitten

40 g Fenchel, in kleine Würfel geschnitten

1 TL Butter

1 EL glatte Petersilie und Dill, fein gehackt

2 EL Fischfumet, Rezept Seite 269

½ TL Fleur de Sel

weisser Pfeffer aus der Mühle

ca. 80 g Rahm

je ½ EL Olivenöl und Butter, zum Anbraten

(1) Hechtfilet fein hacken. Bundzwiebel und Fenchel in der Butter dünsten, Kräuter zugeben, mit Fischfumet ablöschen und langsam einkochen, bis die Flüssigkeit praktisch verdunstet ist. Kalt stellen, dann mit dem Hechtfleisch mischen und 10 Minuten in den Tiefkühler stellen.

(2) Durchgekühlte Masse mit Salz und Pfeffer würzen und im Cutter unter Zugabe von Rahm cuttern bis sie bindet, aber noch relativ fest ist. Daraus 6 kleine Knödel formen.

(3) Knödel in Olivenöl-Butter-Mischung beidseitig anbraten.

Artischocken, gebraten

4 grosse Artischocken

Zitronensaft

1 EL Zitronenöl
(Olivenöl mit Zitrone aromatisiert)

2 EL Olivenöl

Fleur de Sel

schwarzer Pfeffer aus der Mühle

(4) Artischocken rüsten, siehe Seite 267. Artischockenböden erst in Viertel, danach in feine Scheiben schneiden. Sofort mit Zitronensaft beträufeln und mit Klarsichtfolie abdecken.

(5) Artischocken vor dem Anrichten in Oliven- und Zitronenöl anbraten, mit Salz und Pfeffer würzen.

« Zedratzitronen,
was machen wir
denn damit? »

Gut zu wissen.

Zedratzitrone mariniert

1 Zedratzitrone

leichtes Olivenöl aus Ligurien

weisser Pfeffer aus der Mühle

Fleur de Sel

1 Chilischote, entkernt, sehr fein gewürfelt

(6) Zedratzitrone in Viertel schneiden, die Viertel mit der Aufschnittmaschine in sehr feine Scheibchen schneiden. Diese nebeneinander auf einer Platte auslegen, mit Olivenöl bepinseln und mit Pfeffer, Fleur de Sel und Chiliwürfelchen bestreuen. Zugedeckt 3 Stunden kühl marinieren.

Vorbereiten

(6), (1), (4), (2).

Fertigstellen

(5), (3): Zedratzitronenscheiben auf die Teller auslegen. Artischockenscheiben in die Mitte legen, Hechtknödel dazulegen.

Oh Du fröhliche…

Würstchen

Schweinsbratwurstdarm, Kaliber 28/30 mm (vom Metzger)

250 g Geflügelinnereien (Herz, Leber, wenig Magen)

250 g mageres Schweinefleisch

250 g Halsspeck (Spickspeck)

150 g Wirz, klein geschnitten

½ EL Orangenöl (Olivenöl mit Orangen aromatisiert)

2 Schalotten, geschält, klein geschnitten

1 Knoblauchzehe, geschält, zerdrückt

50 g Rahm

½ Bund glatte Petersilie, Blättchen abgezupft und gehackt

3 Thymianzweige, Blättchen abgezupft und gehackt

Gewürzsalz für Wild, Rezept Seite 273

weisser Pfeffer aus der Mühle

1 Prise Muskatnuss, gerieben

je 1 EL Olivenöl und Butter, zum Anbraten

① Schweinsbratwurstdarm in kaltem Wasser gut wässern.

② Fleisch, Innereien und Halsspeck in 5 mm Würfel schneiden, in eine Schüssel geben. Wirz in einer Bratpfanne mit dem Orangenöl hellbraun dünsten. Schalotten und Knoblauch zugeben, kurz mitdünsten und zum geschnittenen Wurstfleisch geben. Fleischmasse mit Rahm, Kräutern, Gewürzsalz und Gewürzen mischen und mindestens 1 Stunde zugedeckt im Kühlschrank marinieren.

③ Fleischmasse durch die 8 mm Lochscheibe des Fleischwolfs drehen. Hackfleisch in der Schüssel der Küchenmaschine mit einem Flachschläger (z.B. Flexi-Rührelement oder K-Haken) auf mittlerer Stufe verrühren, bis die Masse bindet.

④ Wurstdarm über den mittleren Wursttrichter stülpen. Maschine für die Wurstfüllung vorbereiten und die Wurstmasse zu Würsten von etwa 100 g Gewicht füllen.

⑤ Würste in Butter-Olivenöl langsam anbraten.

Geflügel-wurst
Belugalinsen
Peperoni

Für etwa 20 Würste. Weniger zu machen lohnt den Aufwand nicht. Frisch Gewurstetes lässt sich gut einfrieren.
Haltbarkeit: 6 Monate

Belugalinsen

80 g Belugalinsen

1 Lorbeerblatt

½ EL Butter

20 g Speckwürfel

50 g Petersilienwurzeln, geschält, fein gewürfelt

1 Schalotte, geschält, klein geschnitten

30 g Lauch, grüner Teil, fein gewürfelt

50 ml Sherry

Kräutersalz

schwarzer Pfeffer aus der Mühle

1 EL Aceto Balsamico Tradizionale

6 Linsen waschen, mit dem Lorbeerblatt in 1 Liter Wasser etwa 10 Minuten knapp gar kochen, abgiessen.

7 Butter in einer Saucenpfanne zerlassen. Die Speckwürfel darin knusprig braten. Petersilienwurzel und Schalotte beifügen und weichdünsten. Linsen mit dem Lauchgrün zu den Speckwürfeln geben. Mit Sherry auf kleiner Stufe 10 Minuten fertig garen. Würzen mit Kräutersalz und Pfeffer. Mit Aceto Balsamico abrunden.

Peperonicoulis

1 Ramiro-Peperoni, geschält, entkernt, klein gewürfelt

2 Schalotten, geschält, klein geschnitten

1 EL Olivenöl

100 ml Kalbsfond hell, Rezept Seite 271

Fleur de Sel

weisser Pfeffer aus der Mühle

1 Prise Zucker

8 Peperoni mit Schalotten in Olivenöl dünsten, mit Kalbsfond ablöschen und auf die Hälfte einkochen. Mit Stabmixer fein pürieren. Mit Fleur de Sel und Pfeffer würzen und mit wenig Zucker abrunden.

Vorbereiten
1, 2, 6, 3, 4, 8.

Fertigstellen
5, 7: Linsen mit einer Wurst auf einem Streifen Peperonicoulis anrichten.

Kapaun
Trüffel
Geflügel-galantine
Federkohl

für 6 Menüportionen

Edles, französisches Weihnachtsgeflügel muss beim spezialisierten Geflügelhändler vorbestellt werden, denn dieses gibt es nicht auf dem Luzerner Markt zu kaufen.

Kapaunbrust, getrüffelt

1 Brustkorb vom Kapaun (Chapon cendré)

30 g schwarzer Rigi-Trüffel, fein gehobelt
(Burgundertrüffel oder eine andere schwarze Trüffelsorte)

Meersalz

schwarzer Pfeffer aus der Mühle

1 Lauchstängel, weisser Teil, fein gewürfelt

200 ml Geflügelfond, Rezept Seite 270

30 g geschmolzene Butter

100 ml Haut Sauternes oder anderer Süsswein

1 Prise Cayennepfeffer

① Ofen auf 150 °C Unter-/Oberhitze vorheizen. Brusthaut des Kapauns vorsichtig lösen. Trüffelscheiben gleichmässig verteilt unter die Haut schieben. Mit Salz und Pfeffer würzen. Lauchwürfel im Geflügelfond in einem Topf aufkochen. Brustkorb mit der offenen Seite auf den Lauch legen. Mit geschmolzener Butter übergiessen und in den Ofen schieben. Zugedeckt während 40 Minuten auf eine Kerntemperatur von 68 °C dünsten. Brustkorb häufig mit dem Fond übergiessen.

② Brustkorb aus dem Fond heben und auf eine vorgewärmte Platte legen, den Ofen auf 70 °C zurückstellen und das Huhn darin noch mindestens 20 Minuten warm stellen.

③ Fond durch ein Sieb passieren, zusammen mit dem Sauternes auf etwa 6 EL einkochen. Sauce aufmixen und mit Cayennepfeffer abrunden.

Galantine aus der Bresse Poularde

1 Bresse Poularde

80 g Rahm

2 EL Noilly Prat

1 TL Kräutersalz

schwarzer Pfeffer aus der Mühle

1 Bund glatte Petersilie, Blättchen abgezupft und gehackt

1 Rosmarinzweig, Nadeln abgestreift und fein gehackt

50 g Entenleber, gewürfelt

1 Bouquet garni (Lauch, Zwiebel, Sellerie, Lorbeerblatt) für den Geflügelfond

Argan- oder Nussöl, zum Aufwärmen der gegarten Galantine

④ Poularde ausnehmen, vom Rücken her aufschneiden und sorgfältig von der Karkasse lösen. Das Brustfleisch von der Haut lösen ohne die Haut zu verletzen. Schenkel auslösen, die Sehnen der Unterschenkel entfernen/parieren. Schenkel mehrmals fein einschneiden. Danach zwischen 2 Folien flachklopfen. Die Spitzen der Poulardenbrüste wegschneiden, Brustfilets (Innenfilets) ablösen, entsehnen und für das Brät verwenden.

⑤ Aus Knochen und Abschnitten einen Geflügelfond kochen, siehe Seite 270, abgiessen und auf etwa 80 °C abkühlen.

⑥ Für das Brät die Brustfilets und Brustspitzen klein schneiden, mit Rahm, Noilly Prat, Kräutersalz, Pfeffer und einem Teil der Kräuter mischen und kalt stellen.

⑦ Durchgekühlte Brustfiletwürfelchen zu einem Brät cuttern, in eine Schüssel geben und die Entenleberwürfel unter das Brät mischen.

⑧ Poulethaut auf die Arbeitsfläche legen, mit Kräutersalz, Pfeffer und dem Rest der gehackten Kräuter bestreuen, das plattierte Schenkelfleisch am breiten Rand der Haut flach verteilen. Anschliessend mit dem Brät bestreichen, danach die Brüste gegengleich auflegen. Wieder mit Brät bestreichen und das Ganze mit der Haut satt einrollen. Die Rolle würzen und satt in eine Stoffserviette einrollen. Enden zubinden. Rolle im Geflügelfond mit dem Bouquet garni bei 80 °C etwa 1 Stunde auf eine Kerntemperatur von 69 °C pochieren. Galantine herausnehmen, die Geflügelhaut entfernen und aufschneiden.

⑨ Soll die Galantine erst später serviert werden, aufgeschnittene Galantine auf ein mit Backpapier belegtes Blech legen und mit Arganöl einpinseln. Ofen auf 150 °C Unter-/Oberhitze vorheizen und im vorgeheizten Ofen 3–5 Minuten aufwärmen.

Nussiger Federkohl

500 g Federkohl

Kräutersalz

schwarzer Pfeffer aus der Mühle

2 EL Mandarinen- oder Orangenöl (Olivenöl mit Mandarinen oder Orangen aromatisiert)

1 EL Butter

2 Schalotten, geschält, klein geschnitten

100 g Pastinake, geschält, fein gewürfelt

50 ml Rahm

50 g Haselnüsse aus dem Piemont, zerdrückt

⑩ Federkohl zerpflücken und in kochendem Salzwasser 5 Minuten blanchieren. In ein Sieb abgiessen und abtropfen lassen.

⑪ Federkohl in einer Schüssel mit Kräutersalz, Pfeffer und Mandarinenöl mischen. Butter in einer Sauteuse zerlassen, Schalotten und Pastinaken zugeben und auf kleiner Stufe weich dünsten. Federkohl dazugeben und mit dem Rahm aufkochen. Am Schluss die Haselnüsse untermischen.

Vorbereiten
④–⑧,①–③,⑩.

Fertigstellen
⑪, ⑨: Kapaunbrust aufschneiden. Federkohl auf die Teller verteilen, Galantine und die getrüffelte Brust anlegen und mit der Sauternes-Sauce umgiessen.

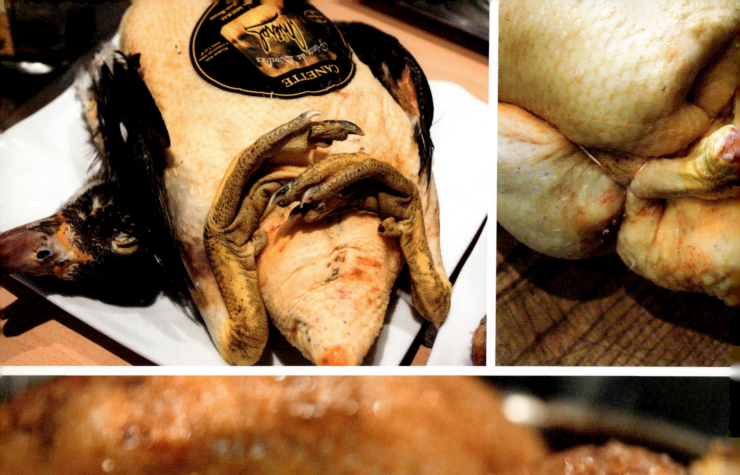

Ente à l'orange Kartoffel-taler

Barbarie-Ente à l'orange

1 frische, küchenfertige Freilandente aus Challans (ca. 2 kg)

Kräutersalz

weisser Pfeffer aus der Mühle

1 kleiner Apfel

½ Bio-Orange

1 Thymianzweig, Blättchen abgezupft und gehackt

1 Rosmarinzweig, Nadeln abgestreift und gehackt

Olivenöl, zum Anbraten

200 ml Rotwein, zum Auflösen des Bratsatzes

100 ml Bier

1 EL Akazienhonig

½ EL Meersalz

½ Bio-Orange, fein abgeriebene Schale

① Ente unter fliessend kaltem Wasser abspülen, sichtbares Fett abschneiden, innen und aussen trocken tupfen. Mit Kräutersalz und Pfeffer innen und aussen kräftig einreiben. Apfel und Orange in grosse Stücke schneiden und mit Thymian und Rosmarin in die Ente stopfen. Flügel auf den Rücken drehen, Ente mit einem Bindfaden derart dressieren, dass die Schenkel über der verschlossenen Bauchöffnung liegen und die Brust herausgedrückt wird. Rücken ein paar Mal einstupfen, damit das Fett gleichmässig austreten kann.

② Ofen mit einem Bräter auf 230 °C Unter-/Oberhitze vorheizen. Ente in einer Bratpfanne in Olivenöl auf dem Rücken und beiden Brustseiten anbraten. Ente auf dem Rücken in den vorgeheizten, leeren Bräter legen und im Ofen 20–25 Minuten braten. Mit dem ausgetretenen Bratensaft häufig übergiessen (arrosieren). Aus dem Ofen nehmen, auf einem Gitter mit Auffangschale auf die Brust legen und den Saft auffangen. 5 Minuten ruhen lassen.

③ Fett aus dem Bräter giessen, den Bratsatz mit Rotwein und dem aufgefangenen Saft aufkochen und durch ein Sieb passieren. Diesen Entenjus zur Herstellung der Sauce Bigarade verwenden, siehe Seite 236.

④ Bier mit Meersalz, Honig und der Orangenschale verrühren. Die Ente mit der Marinade einstreichen und vor dem Anrichten im Ofen bei 220 °C glacieren. Ente kurz abstehen lassen, dann tranchieren und anrichten. Anschliessend die Schenkel von der Karkasse lösen und für den zweiten Service 10–20 Minuten im Ofen fertig braten oder für Entenconfit oder Entenragout verwenden.

Sauce Bigarade

4 Bio-Orangen, 2 für die Filets,
2 für Saft und Zesten

2 EL Zucker

1 Schalotte, geschält, klein geschnitten

100 ml Rotwein

½ TL schwarzer Pfeffer, zerdrückt

½ TL Korianderkörner, zerdrückt

200 ml Entenjus

30 ml Portwein

50 g kalte Butter

Meersalz

1 Prise Cayennepfeffer

⑤ Zwei Orangen schälen und filetieren. Filets beiseite stellen. Restliche Orangen 2 Minuten in heisses Wasser einlegen und abtrocknen. Schale mit einem Tomatenschäler in grossen Stücken (ohne die weisse Haut) abschneiden und in feine Streifen (Julienne) schneiden. Streifen in kochendem Wasser 1 Minute blanchieren. Orangen entsaften. Zucker in einer Saucenpfanne leicht karamellisieren. Schalotten zugeben, kurz glacieren, mit Orangensaft und Rotwein ablöschen. Pfeffer- und Korianderkörner zugeben und auf etwa 50 ml einkochen. Mit Entenjus auffüllen, auf mittlerer Stufe auf etwa 80 ml einkochen und durch ein feines Sieb passieren. Blanchierte Orangenschalenstreifen zugeben und die Sauce nochmals aufkochen.

⑥ Orangenfilets in dem Portwein aufwärmen. Portwein-Fond zur Sauce geben, Sauce mit kalter Butter aufmontieren und mit Meersalz und Cayennepfeffer abschmecken.

Kartoffeltaler

400 g mehlig kochende Kartoffeln

für den Brandteig:

100 ml Milch

1 TL Meersalz

3–4 Abriebe einer Muskatnuss

30 g Butter

50 g Weissmehl

1 Ei, aufgeschlagen

3 Rosmarinzweige, Nadeln abgestreift und fein gehackt

je ½ EL Olivenöl und Butter, zum Anbraten

⑦ Kartoffeln schälen, in kleine Stücke schneiden und in Salzwasser weich kochen. Die heissen Kartoffeln durch die Kartoffelpresse drücken. Milch, Salz, Muskatnuss und Butter aufkochen. Mehl im Sturz zugeben, mit einem Holzlöffel rühren, bis sich die Masse vom Pfannenboden löst und sich am Boden ein feiner Belag bildet. Von der Wärmequelle ziehen und 5 Minuten auskühlen lassen. Das Ei unterrühren. Kartoffelpüree und den Rosmarin unter den Brandteig rühren. Von Hand etwa 30 g schwere Küchlein formen.

⑧ Ofen auf 150 °C Umluft vorheizen. Küchlein in Olivenöl-Butter-Mischung beidseitig backen. Die Küchlein können vorher auch in Brotbröseln paniert werden. Im vorgeheizten Ofen 10 Minuten nachgaren.

Vorbereiten
①, ⑦, ②, ③, ⑤.

Fertigstellen
④, ⑧, ⑥: Glacierte Ente tranchieren, mit der Sauce Bigarade, den Orangenfilets und den Kartoffeltalern anrichten.

Dukaten-Buchteln

Vorteig (Dampfl)

90 g Milch

75 g Weissmehl

30 g Hefe

½ EL Malzextrakt

Teig

300 g Weissmehl

180 g Milch

30 g Zucker

5 g Salz

3 Eigelb

90 g Butter

Powidl, zum Füllen, Rezept Seite 202

110 g geschmolzene Butter,
zum Überziehen der Buchteln

Buchteln
Sabayon
aus
Beerenauslese

für 4 Menüportionen & 30-40 kleine Buchteln

① Lauwarme Milch, Mehl, Hefe und Malzextrakt zu einem Vorteig (Dampfl) verrühren und 10 Minuten zugedeckt gehen lassen.

② Mehl in die Rührschüssel der Küchenmaschine geben. Eine Mulde eindrücken, Dampfl zusammen mit der Milch, Zucker, Salz, Eigelb und Butter hinein geben und zu einem geschmeidigen Teig kneten. Zugedeckt 20 Minuten gehen lassen. Teig auf wenig Mehl 1 cm dick ausrollen. Rondellen von 6 cm Durchmesser ausstechen. Mit 1 TL Powidl füllen und zu einer kleinen Kugel (Buchtel) formen. Buchteln in der flüssigen Butter drehen und in eine tiefe, eckige Gratinform legen. Zugedeckt 10 Minuten aufgehen lassen.

③ Ofen auf 200 °C Unter-/Oberhitze vorheizen. Im vorgeheizten Ofen ca. 15 Minuten backen.

Sabayon aus Beerenauslese

60 g Eigelb (3 Eigelb)

40 g Zucker

150 ml österreichische Beerenauslese vom Weinlaubenhof Kracher oder ein anderer gehaltvoller Süsswein

④ Eigelbe mit dem Zucker in einer bauchigen Schüssel mit dem Schwingbesen schaumig schlagen. Die Schüssel auf einen Topf mit leicht kochendem Wasser aufsetzen (darf nicht eintauchen) und zu einer schaumigen Creme schlagen.

Vorbereiten Fertigstellen

① , ② . ③ , ④ : Sabayon auf kleine Teller verteilen und mit den Buchteln anrichten.

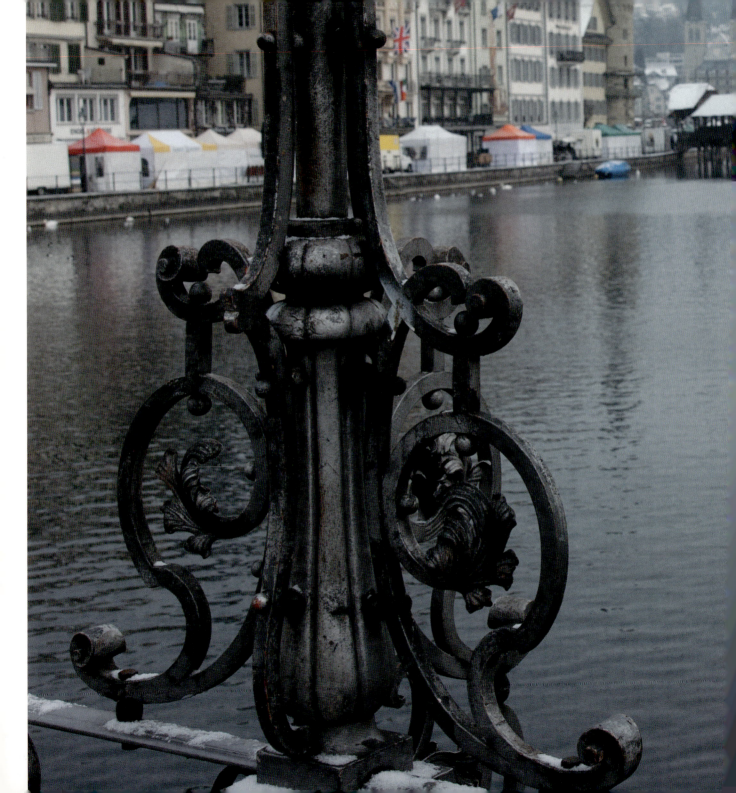

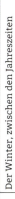

Der Winter, zwischen den Jahreszeiten

Die Stadt ist leicht von Schnee verzuckert. Noch hat der Winter im Januar Stadt und Land in seinem eisigen Griff. Aber auch wenn sich der Herr noch so trotzig gebärdet, die Zeit läuft gegen ihn. Der nächste Frühling bereitet sich vor. In der kalten Jahreszeit findet der Markt unter Plastikzelten statt. Darunter ist ein wenig geheizt, damit nichts (und niemand) erfriert.

Der Luzerner Markt erwacht langsam aus der Winterstarre. Lagerobst und Lagergemüse dominieren zwar noch das gesamte Angebot, doch sieht man allerorten frisches Treibhausgrün spriessen. Zitrusfrüchte und Äpfel setzen dem nebelgrauen Tag einen orange-gelben Tupfer auf.

Der erste Besuch nach der üblichen Vorstellungsrunde der Teilnehmer gilt wiederum dem Fischer, Nils Hofer, aus Meggen am Vierwaldstättersee. Oft sind die Fänge gering. Wer zu spät kommt, hat das Nachsehen. Noch ist es unter den Gewölben der alten Häuser an der Reuss dunkel. 6 Saiblinge wechseln heute den Besitzer. Der nächste Gang gilt dem Metzger Bürgisser. Haben wir nicht ganz zu Beginn des Buches von Jagd gesprochen? Hier die Beute: Frisch geschlachtete Kaninchen vom Napf statt Kalbsfilet und Rindersteaks. Darauf freuen sich alle. Das sieht nach Arbeit aus, die wollen zerlegt werden, will man bei Tische keine Knochen abnagen.

Seit 1913 kommt die Familie Bürgisser, die in Daiwil bei Willi-sau eine Dorfmetzg führt, an den Luzerner Wochenmarkt, in-zwischen in der dritten Generation. Geflügel, Kaninchen, Gitzi, Lamm, Schwein, Kalb, Rind stammen alle aus kleinbäuerlichen Betrieben des Napfgebietes.

Verschiedene Kohlarten, Kartoffeln, Lauch, Pastinaken, gelbe Ran-den, Schwarzwurzeln, Topinambur, Karotten, Federkohl, Weiss-kohl, Schwarzwurzel, Rosenkohl, Bundzwiebeln und Wirsing bestimmen das winterliche Angebot. Ergänzt werden sie durch Radicchio Trevisano, die ersten Artischocken und Mönchsbart aus dem Süden.

In der Backstube erwacht das eingekaufte Wintergemüse, das sich auf dem Markt noch kalt anfühlte, zum Leben.

Das Sammlerherz hüpft vor Freude.

Der Winter, zwischen den Jahreszeiten

243

1

2

4

Inspiriert vom Markt

3

1 Amuse-Bouche: Lebercrostini & Miesmuscheln

2 Saibling-Röllchen, Randen, Barba di Frate

3 Gitzi-Innereien: Leber, Beuschel, Knödel

4 Suppenhuhn, Wintergemüse

5 Variationen vom Kaninchen, Trevisano

6 Orangen, Granatapfel, Mandarinenhupf, Biscotti

5

6

Lebercrostini & Miesmuscheln

für 8 Menüportionen

Die Leber vom Gitzi und den Kaninchen reichen aus,
um sie mit etwas Brustfleisch vom Suppenhuhn zu einer
Lebermousse zu verarbeiten.

Lebercrostini

250 g Geflügelbrust

Meersalz

schwarzer Pfeffer aus der Mühle

250 g Leber (vom Gitzi und Kaninchen)

1 EL Olivenöl

1 Schalotte, geschält, klein geschnitten

2 EL Bratenjus oder Kalbsfond dunkel,
Rezept Seite 271

1 EL Portwein

1 Msp Korianderkörner, gemahlen

1 Majoranzweig, Blättchen abgezupft
und gehackt

½ Bio-Orange, fein abgeriebene Schale

50 g weiche Butter

8 Toastbrotscheiben

» Respekt im Umgang
mit dem Tier «
Gut zu wissen.

Miesmuscheln

1 kg Miesmuscheln (Moules)

4 EL Olivenöl

2 Knoblauchzehen, geschält, fein gewürfelt

2 Bundzwiebeln, klein geschnitten

100 ml Weisswein

3 EL Nampla (thailändische Fischsauce)

» Muschelzeit, alter Zopf
oder berechtigt? «
Gut zu wissen.

④ Olivenöl im Wok erwärmen. Knoblauch und Bundzwiebeln kurz anrösten. Die Muscheln im Sturz dazugeben, umrühren, mit Weisswein und der Fischsauce ablöschen und zugedeckt 5 Minuten kochen. Nicht geöffnete Muscheln aussortieren und wegwerfen.

① Geflügelbrust mit Salz und Pfeffer würzen und im Dampfgarer bei 80 °C 2 Minuten garen. Auskühlen und in kleine Würfel schneiden. Leber putzen und klein schneiden. Olivenöl in einer Bratpfanne erhitzen und die Leber kurz sautieren. Leber auf einen Teller geben.

② Schalotten in der Pfanne andünsten und mit dem Bratenjus ablöschen. Portwein und Koriander zugeben und zu Glace einkochen. Würzen mit Meersalz und Pfeffer. Leber mit Majoran und Orangenschale in der Glace wenden. Mit gegarten Geflügelbrustwürfeln mischen und 30 Minuten kalt stellen. Zusammen mit der weichen Butter im Cutter pürieren. Abschmecken und kühlstellen.

③ Toastscheiben toasten und in kleine Ecken schneiden. Mit der Mousse bestreichen.

Vorbereiten
①, ②.

Fertigstellen
③, ④: Miesmuscheln auf Tellern zur Selbstbedienung anrichten.

Saibling-Röllchen Randen Barba di Frate

für 4 Menüportionen

Saiblingröllchen

2 ganze, mittelgrosse Saiblinge à ca. 350 g

1 Bio-Zitrone, davon 2–3 Schalenabriebe

½ Bund Dill, fein gehackt

weisser Pfeffer aus der Mühle

¼ TL Zucker

½ TL Fleur de Sel

für die Farce:

ca. 120 g Abschnitte vom Filetieren der Saiblinge

2 Dillzweige, fein gehackt

¼ TL Gewürzsalz für Fische,
Rezept Seite 273

60 g Rahm

Vin jaune d'Arbois (oder Noilly Prat)

weisser Pfeffer aus der Mühle

ausserdem zum Garnieren:

Dillzweige

« Wie filetiert man Rundfische? **»**
Gut zu wissen.

Weissweinsauce

1 Schalotte, geschält, klein geschnitten

5 cm einer Sprosse Stangensellerie,
fein gewürfelt

1 EL Butter

1 TL Weissmehl

100 ml Fischfumet, siehe Seite 269

50 ml Weisswein

weisser Pfeffer aus der Mühle

1 Prise Cayennepfeffer

1 TL Zitronensaft

1 TL Gewürzsalz für Fische,
Rezept Seite 273

20 g kalte Butter, gewürfelt

50 ml Rahm, geschlagen

① Saiblinge filetieren und enthäuten, Filets grosszügig parieren, mit Zitronenschale, Dill, Pfeffer, Zucker und Salz bestreuen und 3 Stunden zugedeckt im Kühlschrank marinieren. Die Parüren sind für die Farce bestimmt.

② Aus Gräten (ohne Köpfe) und Bauchlappen einen Fumet zubereiten, Rezept Seite 269.

③ Für die Farce reservierte Abschnitte klein schneiden, mit Dill, Gewürzsalz und der Hälfte des Rahms 30 Minuten zugedeckt kalt stellen. Durchgekühlte Masse unter Zugabe von etwas Vin jaune und etwas vom restlichen Rahm zu einer feinen Farce cuttern. Abschmecken mit Pfeffer.

④ Marinierte Saiblingfilets auf der Hautseite mit der Farce bestreichen und satt aufgerollt in enge Gläser stellen. Zugedeckt kalt stellen.

⑤ Saiblingröllchen im Dampfgarer bei 85 °C 10 Minuten garen, im ausgeschalteten Dampfgarer 5 Minuten gar ziehen lassen, herausnehmen und quer aufschneiden.

⑥ Schalotten und Stangensellerie in Butter andünsten, mit dem Mehl abrühren, mit Fischfumet und dem Weisswein ablöschen und auf kleiner Stufe auf etwa 100 ml einkochen. Durch ein Sieb passieren.

⑦ Fond aufkochen, mit Pfeffer, Cayenne, Zitronensaft und Gewürzsalz würzen. Mit Stabmixer die kalten Butterwürfel in die Sauce rühren und mit dem Schlagrahm verfeinern.

Mönchsbart

1 Bund Barba di Frate (Mönchsbart)

Orangenöl
(Olivenöl aromatisiert mit Orangen)

Fleur de Sel

weisser Pfeffer aus der Mühle

⑩ Mönchsbart putzen, Wurzelenden grosszügig wegschneiden, in Salzwasser kurz blanchieren, kalt abschrecken.

⑪ Abgetropften Mönchsbart in wenig Orangenöl kurz dünsten. Mit Fleur de Sal und Pfeffer würzen.

Vorbereiten
①, ②, ⑧, ③, ④, ⑥, ⑩.

Fertigstellen
⑨, ⑤, ⑦, ⑪: Mönchsbart auf Randenwürfel legen, zwei Scheiben der aufgeschnittenen Saiblingröllchen drauflegen, mit der Weissweinsauce umgiessen.

Randenwürfel

je 1 rohe gelbe und rote Rande (Bete)

ca. 1.5 kg Meersalz

2 EL Baumnussöl (Walnussöl)

schwarzer Pfeffer aus der Mühle

⑧ Ofen auf 180 °C Unter-/Oberhitze vorheizen. Randen in einem engen Gefäss in ein Bett von Meersalz legen, komplett mit Meersalz überdecken. Damit das Salz hält, mit einem Schuss Wasser beträufeln. 2 Stunden im vorgeheizten Ofen backen. Herausnehmen, etwas abkühlen, dann die Salzschale wegmeisseln und Randen herausnehmen. Schälen und in 1 cm Würfel schneiden.

⑨ Randenwürfel mit dem Baumnussöl und Pfeffer würzen und leicht erwärmen.

Gitzi-Innereien:
Leber
Beuschel
Knödel
für 12 Menüportionen

Beuschel

Innereien von einem Gitzi: Beuschel (österreichisch/bayrisch für die oberen Eingeweide wie Lunge und Herz)

etwa 1 l Geflügelfond, Rezept Seite 270

1 Bundzwiebel, klein geschnitten

wenig Butter

1 EL Weissmehl

1 TL Kräutersalz

50 ml Geflügelfond

30 ml Vin jaune d'Arbois

schwarzer Pfeffer aus der Mühle

Fleur de Sel

1 kleines Gläschen gehackte, schwarze Wintertrüffel (Trüffel-Brisures)

ca. 5 EL Schlagrahm

① Lunge und Herz 2 Stunden wässern. Abgiessen und abtropfen lassen. Im kochenden Geflügelfond ca. 30 Minuten auf niedriger Stufe simmern lassen. Mit einem Teller beschweren, damit das Beuschel vom Fond zugedeckt bleibt. Zugedeckt auskühlen lassen, danach Lunge und Herz in feine Streifen schneiden.

② Bundzwiebel in Butter dünsten, etwas Mehl aufstreuen, mit Kräutersalz würzen und mit Geflügelfond und Vin jaune ablöschen. Lungen- und Herzstreifen zugeben, mit Pfeffer und Salz würzen. Trüffelbrisures und den Schlagrahm unterrühren.

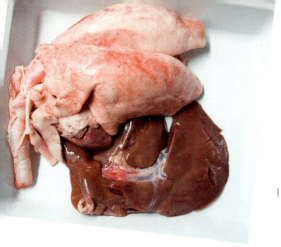

200 g Kalbfleisch, gehackt

100 g Rindfleisch, gehackt

150 g Gitzileber, von Hand gehackt

2 Weissbrötchen, getrocknet, klein gewürfelt

100 ml Milch

1 Zwiebel, geschält, klein geschnitten

1 EL Butter

2 Eier

½ TL Kräutersalz

1 TL Majoran, getrocknet

schwarzer Pfeffer aus der Mühle

¼ TL Muskatnuss, gerieben

1 Bund glatte Petersilie, Blättchen abgezupft und gehackt

1 Bund Schnittlauch, fein geschnitten

1 l Geflügelfond, Rezept Seite 270

ausserdem zum Garnieren:

Schnittlauch

Leberknödel und Suppe

⑤ Hackfleisch und Leber in einer Schüssel mischen. Gewürfelte Brötchen mit der Milch übergiessen und 10 Minuten einweichen. Zwiebeln in Butter andünsten. Eier aufschlagen, mit Kräutersalz, Gewürze und Kräutern mischen. Mit den ausgedrückten Brötchen zu den Zwiebeln geben und 2–3 Minuten abrühren. Das Ganze auf einem Teller auskühlen lassen. Zum Fleisch geben und mit frischen Kräutern mischen. Knödelmasse 20 Minuten ziehen lassen.

⑥ Geflügelfond aufkochen. Aus der Knödelmasse mit nassen Händen 12 kleine Knödel formen und im siedendem Geflügelfond etwa 20 Minuten pochieren. Nicht verwendete Knödelmasse kann portionsweise eingefroren werden.

⑦ Geflügelfond absieben.

> **« Innereien und Schlachtnebenprodukte sind rare Spezialitäten geworden »**
> *Gut zu wissen.*

Bretzelknödel

250 g Bretzel, Brezen oder Laugenbrotstangen

1 Schalotte, geschält, klein geschnitten

1 Knoblauchzehe, geschält, fein gewürfelt

1 TL Butter

20 g frische Kräuter (glatte Petersilie, Majoran, Kerbel), gehackt

etwa 100 ml Milch

2 Eier

Kräutersalz

Muskatnuss, gerieben

etwa 2 l Geflügelfond, zum Pochieren der Knödel, Rezept Seite 270

Bratbutter (eingesottene Butter)

③ Laugenbrotstangen in etwa ½ cm grosse Würfel schneiden und im Ofen bei 80 °C Umluft trocknen. Schalotte und Knoblauch in der Butter goldgelb anrösten, Kräuter zugeben und zusammen mit drei Viertel der lauwarmen Milch zu den getrockneten Laugenbrotwürfeln geben. Eier aufschlagen, würzen mit Kräutersalz und Muskatnuss, zu den Laugenbrotwürfeln geben und vermischen. Masse eine halbe Stunde ziehen lassen. Je nach Festigkeit die restliche Milch beifügen. Mit nassen Händen 12 kleine Knödel formen, kompakt zusammenkneten und ca. 5 Minuten in knapp siedendem Geflügelfond oder Salzwasser pochieren.

④ Knödel in Bratbutter goldgelb anbraten.

Vorbereiten
①, ③, ⑤.

Fertigstellen
⑥, ④, ②, ⑦: Innereien mit einem Bretzelknödel anrichten. Geflügelfond in Suppentassen mit einem Leberknödel servieren.

Suppenhuhn
Winter-
gemüse

für 12 Menüportionen

Es muss nicht immer Canard à l'Orange sein.
Ein Suppenhuhn vom Bauern ist eine
Delikatesse, aus der man köstlichste Gerichte
zaubern kann.

Hühnerfond

1 Suppenhuhn vom Napf oder Freiland

Mirepoix: 1 Zwiebel, ¼ Knollensellerie, 2
Karotten, 1 Pfälzerrübe, 10 cm Lauch

1 TL Korianderkörner, zerstossen

1 TL schwarzer Pfeffer, zerstossen

2 Lorbeerblätter

2 Gewürznelken

1 l Wasser

1 l Geflügelfond, Rezept Seite 270

**« Legehennen,
oder früher war alles besser »**
Gut zu wissen.

ausserdem zum Garnieren:

Kürbiskernöl und Schnittlauch,

① Suppenhuhn grosszügig in Stücke zerlegen, Karkassen grob zerkleinern. Suppenhuhn bzw. Karkassen in kochendem Salzwasser 3 Minuten blanchieren, abgiessen, unter kaltem Wasser gut abwaschen. Gemüse für den Mirepoix soweit erforderlich schälen und zerkleinern. Alle Zutaten in einen Topf geben, mit kaltem Wasser und Geflügelfond bedecken, aufkochen. Fond auf kleiner Stufe 2 Stunden köcheln. Dabei immer wieder abschäumen/ entfetten. Brust nach der Hälfte der Kochzeit aus dem Fond heben und in einer Schüssel zugedeckt beiseite stellen. Schenkel über die volle Zeit weitergaren, aus dem Fond heben. Brust- und Schenkelfleisch des gekochten Suppenhuhns von den Knochen lösen und mundgerecht zerzupfen. Fond durch ein Passiertuch abgiessen und auffangen.

Suppenhuhn
mit Wintergemüsen

6 äussere Blätter von einem Wirsing

2 Handvoll Federkohl

1 Pastinake, ca. 120 g

1 Petersilienwurzel, ca. 120 g

1 Pfälzerrübe, ca. 80 g

3 Topinambur, ca. 120 g

1 EL Butter

1 Schalotte, geschält, klein geschnitten

Hühnerfond vom Suppenhuhn

1 TL Kräutersalz

schwarzer Pfeffer aus der Mühle

zerpflücktes Fleisch vom Suppenhuhn

100 ml Rahm

4 EL klassische Hollandaise-Sauce,
Rezept Seite 272

1 Bund Schnittlauch, fein geschnitten

② Wirsing und Federkohl von den Blattrippen pflücken, danach in kochendem Salzwasser blanchieren. Die harten Gemüse schälen und in kleine, mundgerechte Stücke schneiden.

③ Butter im Wok erhitzen, Schalotte und harte Gemüse darin rührbraten. Wenig Hühnerfond unterrühren und weiter garen, bis das Gemüse knackig gar ist. Würzen mit Kräutersalz und Pfeffer. Blanchierten Blattkohl und zerpflücktes Hühnerfleisch untermischen. Mit Rahm und Hollandaise verfeinern, abschmecken und den Schnittlauch untermischen.

Blätterteig-Fleurons

150 g Butter Blätterteig

1 Eigelb

④ Ofen auf 210 °C Unter-/Oberhitze aufheizen. Blätterteig 2 mm dick ausrollen, Halbmonde ausstechen und auf ein mit Backpapier belegtes Backblech legen. Mit Eigelb bestreichen und im vorgeheizten Ofen etwa 10 Minuten backen.

Vorbereiten
①, ②, ④.

Fertigstellen
③: Suppenhuhn-Wintergemüse mit Hilfe eines Metallrings auf die Teller geben. Fleurons darauflegen.

Kaninchenroulade

1 Kaninchen mit Leber und Nieren

2 Bundzwiebeln, klein geschnitten

1 EL Olivenöl

1 Rosmarinzweig, Nadeln abgestreift und gehackt

1 Thymianzweig, Blättchen abgezupft und gehackt

½ Chilischote, entkernt, fein gewürfelt

¼ TL schwarzer Pfeffer aus der Mühle

1 TL Fleur de Sel

12 dünne Scheiben Lardo di Colonnata

12 dünne Scheiben Schwarzwälder Schinken

je 1 EL Olivenöl und Butter, zum Anbraten

ausserdem zum Garnieren:

Thymianzweige

Kaninchen-Epigramm und Kaninchenfond

2 kleine stapelbare Metallterrinen, 4 cm hoch

Alle Abschnitte und Knochen vom Kaninchen

Vorderläufe auf eine Schnur aufgezogen

1 Kalbsfuss, klein gehackt

Mirepoix: 2 Karotten, 1 Stück Sellerie, 10 cm Lauch, 1 Spross Stangensellerie

5 Körner schwarzer Pfeffer, zerstossen

1 Lorbeerblatt

½ TL Fleur de Sel

weisser Pfeffer aus der Mühle

für die Panierung:

1 Ei, aufgeschlagen

2 EL Weissmehl

50 g Weissbrotbrösel

Je 1 EL Olivenöl und Butter, zum Anbraten

①　Kaninchen zerlegen. Innereien entnehmen, Fett entfernen, Schenkel, Vorderläufe sowie Kopfteil (etwa auf Höhe des achten Rippenknochens) abschneiden. Die «echten» Filets aus der Rückeninnenseite entnehmen. Mit dem Messer alle Knochen des Brustkorbes freischaben, das Rückgrat sukzessive freilegen und, ohne das Fleisch zu verletzen, entfernen. Am Schluss resultiert ein etwa 30x 30cm grosser Rückendeckel mit den beiden «Entrecôtes». Damit eine gleichmässige Rolle erzielt wird, eines der Entrecôtes ablösen und umdrehen. Nierchen zwischen Entrecôtes und Filets legen.

②　Bundzwiebeln in Olivenöl andünsten, mit Kräutern und Chilischote mischen und auf den Kaninchenrücken verteilen. Mit Pfeffer und Fleur de Sel würzen. Den Rücken satt einrollen. Erst mit dünn aufgeschnittenem Lardo, dann mit Schinken umwickeln und die Roulade mit Bindfaden binden.

③　Ofen auf 210 °C Unter-/Oberhitze vorheizen. Roulade in Olivenöl-Butter-Mischung anbraten, dann auf einem Gitter mit Auffangschale im vorgeheizten Ofen etwa 10 Minuten nachgaren. Kurz abstehen lassen und zum Anrichten aufschneiden.

④　Gemüse für den Mirepoix soweit erforderlich schälen und zerkleinern. Fleisch und Knochen in kochendem Wasser kurz blanchieren, unter fliessendem Wasser abspülen. Fleisch und Knochen mit 1 Liter kaltem Wasser angiessen. Mirepoix, schwarzer Pfeffer und Lorbeerblatt zugeben und aufkochen. Während 45 Minuten köcheln lassen, danach die Vorderläufe an der Schnur aus dem Fond ziehen. Fleisch der Vorderläufe von den Knochen lösen und für die Epigramme verwenden, Knochen wieder zum Fond geben und den Fond weitere 40 Minuten kochen. Fond durch ein Sieb passieren. Die Hälfte für die Kaninchensauce verwenden.

⑤　Gekochte Karotten und Sellerie für das Epigramm klein schneiden. Fleisch grob hacken, mit dem klein geschnittenen Gemüse mischen, mit Fleur de Sel und Pfeffer würzen und in eine mit Folie ausgelegte, stapelbare Metall-Terrine drücken. Eine zweite Terrine darauflegen, mit Kabelbindern fest anziehen und zusammenpressen. 4 Stunden kalt stellen.

⑥　Das gepresste Fleisch aus der Terrine heben und in Scheiben schneiden. Scheiben panieren und in Olivenöl-Butter-Mischung beidseitig anbraten.

Variationen vom Kaninchen Trevisano

für 4 Menüportionen

Kaninchensauce

½ Liter Kaninchenfond

300 g Tomaten

1 EL Olivenöl kaltgepresst

Fleur de Sel

schwarzer Pfeffer aus der Mühle

eine Handvoll halbierte, entkernte Taggiasca–Olive

⑦ Ofen auf 120 °C Umluft vorheizen. Ein Kuchenblech mit einem Backpapier auslegen und mit Olivenöl beträufeln. Tomaten schälen, siehe Seite 267. Tomaten in Viertel schneiden. Kerne und Gelee entfernen und für die Sauce verwenden. Tomatenfilets auf das Blech verteilen, würzen mit Fleur de Sel und Pfeffer und im vorgeheizten Ofen etwa 1 Stunde confieren. Tomatenkerne und Gelee mit dem Kaninchenfond auf etwa 0,2 l einkochen und absieben.

⑧ Confierte Tomaten würfeln und mit den Oliven unter die Kaninchensauce mischen. Würzen mit Fleur de Sel und Pfeffer.

Kaninchenragout

200 g Schenkelfleisch, in kleine Würfel geschnitten

je ½ EL Olivenöl und Butter

2 Knoblauchzehen, geschält, zerdrückt

1 Thymianzweig

½ Chilischote, entkernt, fein gewürfelt

½ TL Gewürzsalz, helles Fleisch, Rezept Seite 273

weisser Pfeffer aus der Mühle

⑨ Schenkelfleisch in Olivenöl-Butter-Mischung mit Knoblauch, Thymian und Chili kurz anbraten, würzen mit Gewürzsalz und Pfeffer. Das angebratene Ragout kurz in die Kaninchensauce ziehen lassen.

Trevisano, grilliert

2 Cicorino trevisano

1 EL Olivenöl

Puderzucker

½ EL Fleur de Sel

⑩ Ofen auf 230 °C Umluft vorheizen. Trevisano längs in Viertel schneiden, auf ein mit Backpapier belegtes Blech legen, mit Olivenöl beträufeln und etwa 15 Minuten im vorgeheizten Ofen unter gelegentlichem Wenden anrösten. Herausnehmen, leicht mit Puderzucker bestäuben, salzen und nochmals kurz in den Ofen stellen, bis das Gemüse braun karamellisiert ist.

Blaue Kartoffelchips

4 blaue Kartoffeln (Vitelotte)

Erdnussöl, zum Frittieren

Fleur de Sel

⑪ Blaue Kartoffeln waschen und auf der Schneidmaschine in feine Scheiben schneiden. Kartoffelscheiben im klaren Wasser mindestens 30 Minuten wässern, um sie von der Stärke zu befreien, danach gut abspülen. In Erdnussöl bei etwa 180 °C knusprig frittieren. Salzen und auf Küchenpapier entfetten.

Vorbereiten
①, ④, ⑤, ②, ⑦, ⑧, ⑨, ⑪, ⑤, ⑦

Fertigstellen
③, ⑥, ⑩, ⑨: Kaninchenragout auf dem Teller anrichten. Die Kaninchenroulade aufschneiden und auf das Ragout legen. Epigramm, Trevisano und die Kartoffelchips dazulegen.

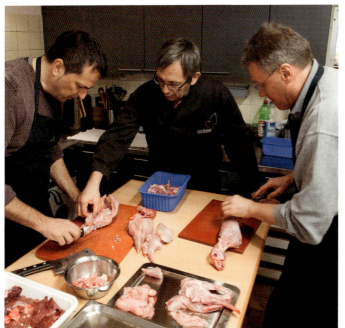

Saubere Zerlegung des Kaninchenrückens.

Einrollen von Kaninchen-Entrcôtes und -Nierchen.

257

Orangen
Granatapfel
Mandarinenhupf
Biscotti

für 4 Menüportionen

Orangensalat

2 Blondorangen

6 Blutorangen

ca. 50 g Zucker

1 Zacken Sternanis

1 Granatapfel, Kerne ausgelöst

① Blondorangen sowie vier der Blutorangen schälen und filetieren. Filets in einem Sieb abtropfen lassen. Zwei Blutorangen entsaften, die Hälfte des Saftgewichtes an Zucker zufügen. Saft mit dem Abtropfsaft der Orangen und mit Sternanis aufkochen. Die Hälfte der ausgelösten Granatapfelkerne zugeben und zu einem Sirup einkochen.

② Restliche Granatapfelkerne zugeben, die Orangenfilets kurz darin wenden, noch warm servieren.

Mandelbiskuits mit Pistazien

für etwa 30 Biscotti

230 g geschälte, sizilianische Mandeln

100 g Pistazien

230 g Zucker

100 g Eiweiss

1 Bio-Zitrone, 2/3 der Schale fein abgerieben

③ Ofen auf 200 °C vorheizen. Backblech mit Backpapier belegen. Nüsse mahlen. Alle Zutaten in einer weiten Pfanne auf kleinster Stufe bei etwa 60 °C abrühren. Masse in einen Spritzbeutel mit Sterntülle füllen und in kleinen Häufchen auf das Blech drücken. Im vorgeheizten Ofen etwa 10 Minuten backen.

Mandarinenhupf
(Mandarinenparfait)

3–4 Mandarinen, Saft (etwa 150 g)

etwa 80 g Zucker

2 Eigelb

1 EL Grand Marnier

2 Eiweiss

1 EL Zucker

Prise Salz

150 ml Rahm, geschlagen

ausserdem zum Garnieren:

gehackte Pistazien

④ Mandarinen entsaften, die Hälfte des Saftgewichtes an Zucker beifügen, aufkochen und auf die Hälfte einkochen. Eigelbe mit Grand Marnier und Mandarinensirup auf dem Wasserbad schaumig schlagen. Danach in Eiswasser weiter schlagen, bis die Masse kalt ist. Eiweisse mit Zucker und Salz zu festem Eischnee schlagen. Erst den Eischnee, dann den Schlagrahm unter die Mandarinenmasse ziehen. In einen Spritzbeutel mit glatter Tülle füllen. Masse in Silikonförmchen drücken und im Tiefkühler mindestens 6 Stunden kalt stellen.

Orangenchips

1 Bio-Orange, blond

50 ml Zuckersirup/Läuterzucker

⑤ Orangen mit der Aufschnittmaschine in feine, ca. 4 mm dicke Scheiben schneiden. Mit Zuckersirup (50% Zucker/ 50% Wasser) besprühen, auf ein mit Backpapier belegtes Blech legen. 2–3 Stunden im Ofen bei 80 °C Umluft trocknen, bis sich die Chips leicht vom Backblech lösen. Orangenchips lassen sich in einer hermetisch verschliessbaren Dose gut aufbewahren.

Mohnkrokant

40 g Mohn, frisch gemahlen

3–4 Esslöffel Orangensaft

70 g Puderzucker

20 g Weissmehl

½ Bio-Orange, fein abgeriebene Schale

40 g geschmolzene Butter

⑥ Ofen auf 180 °C Unter-/Oberhitze vorheizen. Mohn in der Gewürzmühle oder im Mörser mahlen/zerstossen. Mohn, Orangensaft, Puderzucker, Mehl und Orangenschale mischen. Flüssige Butter darunter rühren. Ein Kuchenblech mit einem Backpapier auslegen und die zähflüssige Masse möglichst dünn ausstreichen. Masse 1 Stunde im Kühlschrank durchkühlen. Im vorgeheizten Ofen 8–10 Minuten knusprig backen. Auskühlen lassen und danach in beliebige Stücke brechen. Mohnkrokant lässt sich in einer hermetisch verschliessbaren Dose gut aufbewahren.

Vorbereiten
④, ⑤, ⑥, ③, ①.

Fertigstellen
②: Orangensalat in einem Schälchen anrichten. Mandarinenhupf auf einen Orangenchip legen. Garnieren mit Orangenchips und Mohnkrokant. Mandelbiskuit dazulegen.

Schluss-akkord

Der Kreis hat sich geschlossen. Der Luzerner Markt hat uns von März bis Februar über ein ganzes Jahr mit seinem Angebot begleitet. Die Harasse sind leer geworden. Obst, Gemüse, Fleisch... alles ist verkauft...

...aber nur in diesem Buch.

Guten Geschmack kriegt man weder geschenkt noch ist er angeboren. Aber man kann ihn sich aneignen. Durch probieren, degustieren und dies ein Leben lang. Und irgendwann lernt man, seinem Geschmack zu vertrauen. Das ist einer der wichtigen Momente im Leben. Den kann jeder erreichen.

Nächsten Samstag platzt der Markt wieder aus allen Nähten. Dann bist Du an der Reihe!

Auf die Pirsch, als Jäger des guten Geschmacks!

Auf www.lucasrosenblatt.ch unter 8plus8 werden wir das eine oder andere Rezept aus künftigen Events veröffentlichen. Das Buch ist abgeschlossen, aber die Idee geht weiter…

Daten, Termine der nächsten 8plus8 Events:
www.lucasrosenblatt.ch
Anmeldung: info@lucasrosenblatt.ch

Dank

Wir danken allen Teilnehmern der 8plus8 Events. Ohne sie wäre dieses Buch nie geschrieben worden. Sie leisteten mit ihrer Kreativität und ihrem Engagement den Hauptanteil am Zustandekommen dieses Buches.

Bei jedem 8plus8 Event ist es eine besondere Erfahrung mitzuerleben, wie zunächst verschwommene Ideen im Laufe des Morgens durch die Teilnehmer Konturen erhalten und aus einem ungeordneten Haufen von Gemüse, Fisch und Fleisch bis am Abend ungewöhnliche Menüs entstehen.

Urs Bisang
Simone Bornhauser
Noldi Büntner
Anna Maria Capraro
Reto & Karin Eggenschwiler
Otti Fischer
Hansruedi Glanzmann
Lukas Hammer
Chris Jacobi
Thomas Keller
Yvonne & Lorenz Lengwiler
Claudia Maeder
Patrick Matzinger
Markus Meyer
Mario Mirolo
Marco Nicoletti
Armin Schallberger
Jürg Schmid
Sibylle Schwizer-Dubach
Bruno Späni
Ueli Steiner
Ursula Streuli
Patrick Tschan
Severin Weiss
Stefan Kappeler

... und so viele andere.

Ferner danken wir Bettina Rosenblatt-Giorgioni für ihren Beitrag als Gastgeberin und ihre wunderbaren Tischdekorationen. Lilli Sprenger-Rigassi für ihre Geduld an so manchem einsam verbrachten Tag. Léonie Schmid (FONA-Verlag) und Brigitte Glanzmann für ihre Beiträge an das Lektorieren des Buches. Stephanie Rosenblatt für die erfrischende typographische und grafische Umsetzung. Almir Dukic für die motivierende Unterstützung der Grafikerin. Nadine Rosenblatt für den letzten Schliff.

«Lieber Lucas und Team. Herzlichen Dank für die tollen Rezepte mit Bildern und den wunderschönen Tag mit Dir und Deinem Team. Wir haben es sehr genossen und erzählen begeistert bei unseren Freunden und Kollegen vom Koch-Event bei Lucas Rosenblatt. Liebe Grüsse, bis bald wieder einmal
Lucia»

«Lieber Lucas. Herzlichen Dank für die Rezepte und Euer grosses und liebevolles Engagement! Härzliche Gruess
Thomas»

«Zitate von Teilnehmern»

«Ob bei Wind und Regen oder blauem Himmel und der aufsteigenden Sonne, frühmorgens mit Lucas über den Markt zu gehen und bis anhin unbekannte saisonale Gemüse und Früchte zu entdecken ist jedes Mal ein Erlebnis.
Severin»

« Oft sind wir mit prall **gefüllten** Taschen vom Markt in der **Backstube** in Meggen angekommen; haben die Waren auf dem **Tisch** ausgebreitet dass sie kaum **Platz** fanden und beraten, ob wir mal wieder zu viel eingekauft hatten. Nach weiteren **3–4** Stunden **Teamarbeit** wurde jedoch immer aus allen eingekauften Zutaten ein **herrliches** saisonales Menü vorbereitet. »

Severin

« Für mich ist der **8plus8** Tag etwas **Besonderes**. Frühmorgens der **Besuch** auf dem Luzerner Markt, ob Frühling, **Sommer**, Herbst oder Winter. Ob Sonnenschein, ob Regen, Schnee oder Graupelschauer. Nur schon die **Kulisse**, mit Reuss, **Kappelbrücke** und dahinter majestätisch der **Pilatus**, macht den Einkauf zu einem Erlebnis. Was für ein **Openair** Supermarkt! Das Marktangebot im Reigen der **Jahreszeiten**, die Genussnerven sind sensibilisiert. In Meggen in der Backstube werden die erstandenen **Köstlichkeiten** auf dem Küchentisch fein säuberlich **ausgelegt** und zusammen mit Lucas das **Menü** kreiert. Mich **fasziniert**, wie eine bunt **gemischte** Mann- und Frauschaft, **Laien** und schon etwas Fortgeschrittene, unter der souveränen «**Stabführung**» von Lucas ihren **Gästen** ein immer wieder wunderbares Menü **hinzaubert**. Wie schon gesagt, **8plus8** ein **Erlebnis** besonderer Art. »

Armin

« Die einzige **Chance** um fangfrischen **Fisch** aus dem Vierwaldstättersee beim **Markstand** vom Sebastian **Hofer** zu bekommen besteht frühmorgens, bevor die Masse der Marktbesucher eintrifft. Je nach dem aktuellen **Fang** vom **Vortag** wird daraus dann ein köstlicher Fischgang bei der **Menü** Kreation. »

Severin

Grund-rezepte

Artischocken rüsten

Die einzelnen Blütenblätter der Artischocke vorsichtig abknicken. Vorsicht bei den carciofi spinosi. Die können recht stachlig sein. Danach die Artischocke am Stielansatz sowie im oberen Drittel der Blütenblätter kappen. Grüne Stellen mit dem Sparschäler entfernen, Artischocke in Viertel schneiden und die Blütenfäden knapp über dem Blütenboden wegschneiden. Viertel in feine Ecken schneiden. Mit Zitronensaft beträufeln und überziehen, bis zur Weiterverarbeitung zugedeckt zur Seite stellen oder noch besser: vakuumieren.

Tomaten schälen

Tomaten an der Spitze einritzen, Stielansatz ausstechen, kurz in kochendem Wasser blanchieren, kalt abschrecken und Haut abziehen. Die Haut dünnschaliger Tomaten lässt sich schon nach wenigen Sekunden abziehen, dickschalige Tomaten benötigen bis zu 2 Minuten Blanchierzeit.

Aufschlagen über dem Wasserbad

Eihaltige Saucen, Sabayons und Cremen werden meist über einem Wasserbad pochiert. Eine bauchige Schüssel aus Chromstahl auf einen mit wenig schwach siedendem Wasser gefüllten Topf setzen. Die Schüssel soll die Pfanne abschliessen, darf aber das heisse Wasser nicht berühren. Die Zutaten ohne Unterbruch mit dem Schwingbesen bearbeiten, bis die Flüssigkeit andickt und der Schwingbesen Furchen hinterlässt. Dann die Schüssel von dem Topf nehmen. Sollte der Inhalt der Schüssel zu heiss werden, die Schüssel sofort in kaltes Wasser stellen.

Fonds/Saucen

Selbstgekochte Fonds sind für eine gute Küche unabdingbar. Was in der Literatur über Fond, Jus und Demi-Glace geschrieben steht, ist oft widersprüchlich. Die Begriffe stammen aus der klassischen französischen Küche. Klare Definitionen, wie etwa in Chemie und Physik, gibt es dabei nicht. Zudem hat sich die Küche seit Escoffier weiter entwickelt. Nur wenige Köche kochen heute noch die klassische Demi-Glace über mehrere Tage und Stufen (vom hellen Fond über den Grand Jus zur Sauce Espagnole zur Demi-Glace). Heute setzt jeder Koch seinen eigenen Massstab. Die Grundlagen der klassischen, französischen Küche verdienen aber nach wie vor Beachtung.

Um mehr Geschmack in den Fond zu kriegen, setzt Lucas beim Fondkochen anstelle von Wasser oft Fond aus dem Vorrat ein. Oder er kocht Knochen- und Gemüserückstände ein zweites Mal mit Wasser aus und benutzt diesen Zweitfond anstelle von Wasser. Das führt, neben dem langsamen Einreduzieren, zu einer erheblichen Verdichtung des Geschmacks. Das benötigt zwar Zeit, gibt den Saucen aber Geschmack, Kraft und Stand. Zusätzlich wird Salz in den Saucen gespart.

Fertigprodukte in Gläsern können mit selbst gekochten Fonds nicht mithalten. Oft sind sie so stark gesalzen, dass man sie nicht mehr einkochen kann.

Fonds lassen sich gut tiefgefrieren. Eine kleine Auswahl gehört in jeden Tiefkühler. Nach einem Sprichwort ist nur jener reich, der wahre Freunde hat. Selbstgekochte Fonds im Tiefkühler sind wie wahre Freunde: Sie sind immer da, wenn man sie braucht. Mit Fonds im Tiefkühler ist man reich und zahlt nicht einmal Steuern dafür.

Junge Köche setzen heute auf Jus. Ein Jus ist ein kräftiger Fond, bei dem fettarmes Fleisch und Fleischabschnitte (teils auch Knochen) in Öl angebraten werden, danach wird Gemüse als Mirepoix mitgeröstet, der ausgetretene Fleischsaft setzt sich am Topfboden als braun gerösteter Bratsatz fest und wird mit Wasser abgelöst. Anschliessend wird mit Wasser (besser Fond) aufgefüllt und alles langsam stark eingekocht.

Fischfond, klassisch

2 kg Fischgräten und Parüren,
vorzugsweise von Plattfischen (ohne Kopf)

1 TL Butter

Matignon: 2 Schalotten, 80 g Lauch (weisser Teil),
50 g Stangensellerie, 4 Champignons

300 ml Weisswein, z.B. Riesling

1–2 l Wasser

1 Lorbeerblatt

6–8 Fenchelsamen, zerdrückt

5 weisse Pfefferkörner, zerstossen

1 Streifen Bio-Zitronenschale

1 TL Dill, getrocknet oder 3 Dillzweige, zerpflückt

(1) Gräten und Fischabschnitte 30 Minuten wässern, klein schneiden und in kochendem Wasser 3 Minuten blanchieren. Abgiessen und kalt abspülen. Gemüse schälen, kleinblättrig schneiden und in einem hohen Topf in Butter andünsten. Blanchierte Gräten und Fischabschnitte auf das Gemüse legen und mit dem Weisswein ablöschen. Mit kaltem Wasser bedecken, einmal aufkochen, Schaum abschöpfen. Gewürze zugeben und auf kleiner Stufe 20–30 Minuten sanft köcheln lassen, dabei den Fond regelmässig abschäumen. Durch ein mit einem Passiertuch ausgelegtes Sieb abgiessen.

Fischfond, sous-vide

1 kg Fischgräten und Parüren,
vorzugsweise von Plattfischen (ohne Kopf)

180 g Noilly Prat

100 g Weisswein trocken

Matignon: 150 g Fenchel, 200 g Zwiebeln,
100 g Lauch (weisser Teil), 100 g Sellerie

750 g Eiswürfel

(1) Gräten und Fischabschnitte 30 Minuten wässern, klein schneiden und in kochendem Wasser 3 Minuten blanchieren. Abgiessen und kalt abspülen. Noilly Prat und Weisswein zusammen 5 Minuten kochen, danach vollständig auskühlen lassen. Gemüse schälen und kleinblättrig schneiden. Alle Zutaten in einen Vakuumbeutel füllen und vakuumieren. 75 Minuten bei 80 °C sous-vide garen. Durch ein mit einem Passiertuch ausgelegtes Sieb abgiessen.

Fischfumet

500 g Fischgräten und Parüren, vorzugsweise von Plattfischen
(ohne Kopf)

1 EL Olivenöl

Matignon: 2 Schalotten, geschält, ½ Fenchel

1 Stängel Zitronengras (nur das Herz), in feine Ringe geschnitten

5 weisse Pfefferkörwner, zerstossen

1 l Fischfond

(1) Gräten und Fischabschnitte 30 Minuten wässern, klein schneiden und in kochendem Wasser 3 Minuten blanchieren. Abgiessen und kalt abspülen. Gemüse kleinblättrig schneiden und in einem hohen Topf in Olivenöl andünsten. Blanchierte Gräten und Fischabschnitte auf das Gemüse legen, kalten Fischfond zugeben, einmal aufkochen, Schaum abschöpfen. Zitronengras und Pfefferkörner zugeben und auf kleiner Stufe 20 Minuten sanft köcheln lassen, dabei regelmässig abschäumen. Durch ein mit einem Passiertuch ausgelegtes Sieb abgiessen.

Geflügelfond

1 Suppenhuhn oder ca. 500 g Karkassen (von 2 Poulets)

2 kleine Scheiben Kalbsfuss

Mirepoix: 80 g Zwiebel, 80 g Lauch (weisser Teil), 50 g Knollensellerie

½ rote Chilischote, entkernt

1 Rosmarinzweig

3 Knoblauchzehen, geschält, zerdrückt

½ TL Korianderkörner, zerdrückt

10 schwarze Pfefferkörner, zerstossen

1 Gewürznelke

1 Lorbeerblatt

2 l Wasser

① Suppenhuhn grosszügig in Stücke zerlegen, Karkassen grob zerkleinern. Fleisch und Knochen in kochendem Wasser 3 Minuten blanchieren, abgiessen, Geflügelteile unter kaltem Wasser gut abwaschen. Gemüse für den Mirepoix schälen und zerkleinern. Zutaten in einen hohen Topf geben, mit kaltem Wasser bedecken, aufkochen und den Schaum abschöpfen. Fond auf kleiner Stufe 1–2 Stunden sanft köcheln lassen, dabei den Fond regelmässig abschäumen. Durch ein mit einem Passiertuch ausgelegtes Sieb abgiessen. Erkalten lassen. 12 Stunden in den Kühlschrank stellen. Fettschicht entfernen.

Gemüsefond, klassisch

Matignon: 100 g Zwiebeln, je 80 g Karotten, Sellerie, Lauch (weisser Teil), Pastinake, Petersilienwurzel

2 Tomaten, in Viertel geschnitten

2–3 junge Knoblauchzehen, zerdrückt

1 l Wasser

3 dünne Scheiben Ingwer

1 Stängel Zitronengras, nur das Herz, in feine Ringe geschnitten

1 TL Korianderkörner, zerdrückt

5 weisse Pfefferkörner, zerstossen

einige Petersilienstängel, gehackt

① Gemüse für die Matignon schälen und kleinblättrig schneiden, mit Tomaten und Knoblauch in einen hohen Topf geben und mit kaltem Wasser bedecken. Einmal aufkochen, Schaum abschöpfen und auf niedriger Stufe 1 Stunde köcheln lassen. Kräuter und Gewürze in der letzten halben Stunde zugeben. Durch ein mit einem Passiertuch ausgelegtes Sieb abgiessen. Alternativ alle Zutaten in einen Dampfkochtopf geben. Topf schliessen. Langsam bis zur ersten Marke des Ventils erhitzen und Druck 20 Minuten auf dieser Stellung halten. Abkühlen. Durch ein mit einem Passiertuch ausgelegtes Sieb abgiessen.

Gemüsefond, sous-vide

Matignon: 280 g Zwiebeln, 100 g Lauch (weisser Teil), 200 g Karotten, 100 g Knollensellerie, 50 g Fenchel, 100 g Champignons

100 g Tomaten

500 g Eiswürfel

1 Bund Schnittlauch, geschnitten

1 Bund glatte Petersilie, Blättchen abgezupft und gehackt

1 TL Korianderkörner, zerdrückt

1 TL schwarzer Pfeffer, zerdrückt

1 TL Kreuzkümmel, zerdrückt

1 TL Fenchelsamen, zerdrückt

2 Thymianzweige, Blättchen abgezupft und gehackt

2 frische Lorbeerblätter

① Gemüse für die Matignon schälen und kleinblättrig schneiden. Alle Zutaten in einen Vakuumbeutel füllen und vakuumieren. Im Wasserbad 3 Stunden bei 85 °C sous-vide garen. Beutel in kaltem Wasser abkühlen und im Kühlschrank 12 Stunden reifen lassen. Herausnehmen und durch ein mit einem Passiertuch ausgelegtes Sieb abgiessen.

Kalbsfond dunkel

Mirepoix: 60 g Zwiebeln, 60 g Karotten, 60 g Pfälzerrüben, 40 g Knollensellerie, 2 Knoblauchzehen

2 EL Olivenöl

1 EL Tomatenpüree

½ l Rotwein

500 g Kalbsknochen, klein gehackt

200 g Kalbsbrustknorpel

500 g Ochsenschwanz

200 g Fleischparüren oder -abschnitte (wenn vorhanden)

4 klein gehackte Kalbsfüsse

2 reife Tomaten, klein geschnitten

2 l Wasser oder heller Fleischfond oder Gemüsefond

1 Lorbeerblatt

5 Pfefferkörner, zerstossen

1 Rosmarinzweig, Nadeln abgestreift

① Gemüse für den Mirepoix schälen und zerkleinern. Mirepoix im Olivenöl 5 Minuten rührbraten, bis das Gemüse Farbe annimmt. Tomatenpüree zugeben und unter Rühren kurz mitdünsten. Mit Rotwein portionsweise glacieren und die Flüssigkeit auf die Hälfte einkochen. Erkalten lassen.

② Knochen und Fleisch in kochendem Salzwasser 3 Minuten blanchieren. Abgiessen und unter kaltem Wasser gut abwaschen. Mit Tomaten und Gemüse-Rotwein-Reduktion in einen hohen Topf geben. Mit kaltem Wasser oder Fond auffüllen, aufkochen, Fett und Schaum abschöpfen. Lorbeer, Pfeffer und Rosmarin zugeben. Auf kleiner Stufe während 2 Stunden sanft köcheln lassen, den Fond regelmässig abschäumen. Durch ein mit einem Passiertuch ausgelegtes Sieb abgiessen.

Kalbsfond hell

Mirepoix: 5 Schalotten, 80 g Lauch (weisser Teil), 60 g Knollensellerie

1 kg Kalbsknochen

500 g Kalbsschwanz, klein geschnitten

200 g Kalbsfüsse, klein geschnitten

200 g Fleischparüren oder -abschnitte (wenn vorhanden)

3 l kaltes Wasser

2 Lorbeerblätter

10 weisse Pfefferkörner, zerstossen

2 Thymianzweige

① Gemüse für den Mirepoix schälen und zerkleinern. Knochen und Fleisch in kochendem Salzwasser 3 Minuten blanchieren. Abgiessen und unter kaltem Wasser gut abwaschen. Knochen und Fleisch zurück in den gereinigten Kochtopf geben, mit dem Wasser auffüllen, aufkochen, Fett und Schaum abschöpfen. Gemüse und restliche Zutaten zugeben. Während 2–3 Stunden auf kleiner Stufe sanft köcheln lassen, dabei den Fond regelmässig abschäumen. Durch ein mit einem Passiertuch ausgelegtes Sieb abgiessen. Fond auf kleiner Stufe unter wiederholtem Abschäumen auf 1 Liter einkochen. Erneut durch ein Sieb mit Passiertuch abgiessen.

Kalbsfond hell, druckgegart

Matignon von: 50 g Lauch (weisser Teil), 50 g Karotten geschält, 50 g Champignons

700 g Kalbsschwanz, klein geschnitten

700 g Kalbfleisch, Voressen, grob gewürfelt

100 g Tomaten, klein geschnitten

1 Lorbeerblatt

1 TL schwarzer Pfeffer, zerdrückt

1 l Wasser

① Gemüse für die Matignon schälen und kleinblättrig schneiden. Kalbsschwanz in kochendem Salzwasser 3 Minuten blanchieren. Abgiessen und unter kaltem Wasser gut abwaschen. Voressen durch die grobe Scheibe des Fleischwolfs drehen. Alle Zutaten in den Schnellkochtopf geben. Mit kaltem Wasser bedecken. Topf schliessen, bis zur ersten Marke des Ventils erhitzen und 90 Minuten auf dieser Stellung halten. Abkühlen. Durch ein mit einem Passiertuch ausgelegtes Sieb abgiessen.

Brauner Wildfond

500 g klein gehackte Wildknochen und -abschnitte

1 klein gehackter Kalbsfuss

1 l kräftiger Rotwein, zum Marinieren

100 ml Rotweinessig, zum Marinieren

5 zerdrückte Wacholderbeeren

½ EL zerdrückte Korianderkörner

1 Lorbeerblatt

5 schwarze, zerdrückte Pfefferkörner

2 Gewürznelken

250 g Mirepoix: 80 g Zwiebeln, 80 g Karotten, 40 g Knollensellerie, 1 säuerlicher Apfel

2 EL Olivenöl

2 EL Tomatenpüree

200 ml Rotwein, zum Glacieren

2 l Wasser oder Zweitfond vom vorhergehenden Ansatz

① Wildknochen, -abschnitte und Kalbsfuss in kochendem Salzwasser 3 Minuten blanchieren. In ein Sieb abgiessen, kalt abspülen. Mit Rotwein, Rotweinessig, Wacholderbeeren, Koriander, Lorbeer, Pfeffer und Nelken mischen und 24 Stunden marinieren. In ein Sieb giessen, Marinade auffangen, aufkochen und durch ein Sieb passieren.
② Gemüse für den Mirepoix schälen und zerkleinern. Mirepoix im Olivenöl 5 Minuten rührbraten, bis das Gemüse Farbe annimmt. Tomatenpüree zugeben und unter Rühren kurz mitdünsten. Mit dem Rotwein und der Marinade portionsweise glacieren und die Flüssigkeit auf die Hälfte einkochen. Erkalten lassen.
③ Knochen, Fleisch und die Gemüse-Rotwein-Reduktion in einen hohen Topf geben, mit 2 Liter kaltem Wasser oder Fond auffüllen, aufkochen, Fett und Schaum abschöpfen. Auf kleiner Stufe während 2 Stunden sanft köcheln lassen, den Fond regelmässig abschäumen. Durch ein feines Sieb abgiessen. Fond unter wiederholtem Abschäumen auf 0,5 l einkochen lassen. Erneut durch ein Sieb mit Passiertuch abgiessen.

Beerensenf

60 g grobkörniger Senf, z.B. Pommery

60 g Himbeeressig, z.B. Gölles

120 g Akazienhonig

25 g ganze Senfkörner

160 g rote Früchte, z.B. Brombeeren, Himbeeren, Johannisbeeren

1 Prise grüne Kardamomkörner, zerdrückt

3 dünne Scheiben Ingwer, geschält, fein gewürfelt

① Senf mit der Hälfte des Himbeeressigs verrühren. Honig erwärmen, leicht köcheln lassen bis er hellbraun ist. Senfkörner, Beeren, Gewürze und den restlichen Essig beifügen, 15 Minuten kochen lassen. Mit dem Stabmixer pürieren und durch ein feines Sieb streichen. Den angerührten Senf einrühren, kurz aufkochen und zugedeckt auskühlen lassen.

Himbeer-Vinaigrette

100 g Himbeeren

1 TL Zucker

½ EL grobkörniger Senf

2 EL Fruchtessig z.B. Himbeere

2 EL Gemüsefond oder Süssmost

4 EL Traubenkernöl

½ EL Meersalz

schwarzer Pfeffer aus der Mühle

① Himbeeren mit Zucker, Senf, Fruchtessig und Gemüsefond verrühren und 20 Minuten stehen lassen. Danach mit Stabmixer pürieren. Durch ein feines Sieb passieren, mit Traubenkernöl in einem Mixbecher aufmixen. Abschmecken mit Salz und Pfeffer.

Sauce Hollandaise

80 g Butter

1 Schalotte, geschält, klein geschnitten

50 ml Weisswein

1 EL Apfelessig

4 weisse Pfefferkörner, zerstossen

2 Eigelb

1 TL Zitronensaft

¼ TL Kräutersalz

weisser Pfeffer aus der Mühle

① Butter auf mittlerer Stufe zerlassen und köcheln, bis sie klar ist. Schalotten und Pfefferkörner im Weisswein und Essig aufkochen. Flüssigkeit auf ein Viertel einkochen.
② Eigelbe in eine bauchige Schüssel geben. Die Reduktion durch ein feines Sieb zu den Eigelben passieren. Eigelbe auf dem Wasserbad, siehe Seite 267, schaumig schlagen. Schüssel vom Wasserbad nehmen und die warme Butter im Faden darunter schlagen. Mit Zitronensaft, Pfeffer und Kräutersalz würzen.

Gewürze & Gewürzsalze

Gewürzsalz für Fische

8 g Fenchelsamen

4 g Anissamen

4 g grüne Kardamomkörner

8 g schwarze Pfefferkörner

In der Gewürzmühle grob zerkleinern.

12 g Dill, getrocknet

½ Bio-Zitrone, fein abgeriebene Schale

Mit 2 EL Fleur de Sel verreiben. Alle Zutaten mit 200 g Fleur de Sel mischen.

Gewürzsalz für helles Fleisch

6 g weisse Pfefferkörner

3 g Bockshornkleesamen

6 g Senfkörner, gelb

2 g Macis (Muskatblüte)

4 g Kreuzkümmel

2 g roter Szechuanpfeffer, Samenkapseln

4 g Korianderkörner

In der Gewürzmühle grob zerkleinern.

6 g Galgantpulver oder frischer Galgant, gerieben

4 g Zitronenpfeffer

6 g getrockneter Thymian

Mit 2 EL Fleur de Sel verreiben. Alle Zutaten mit 200 g Fleur de Sel mischen.

Gewürzsalz für dunkles Fleisch

2 g grüne Kardamomkörner

6 g weisse Pfefferkörner

6 g schwarze Pfefferkörner

3 g Pimentkörner

3 g Senfkörner

1 g getrockneter Chili, im Mörser verrieben

4 g getrockneter Rosmarin

2 g schwarze Pfeffermischung

In der Gewürzmühle grob zerkleinern.

5 g Sumach

Mit 2 EL Fleur de Sel verreiben. Alle Zutaten mit 200 g Fleur de Sel mischen.

Gewürzsalz für Wild und Lamm

4 g getrocknete rosa Pfefferkörner

2 g getrockneter Rosmarin

1 g roter Szechuanpfeffer, Samenkapseln

6 g Wacholderbeeren

2 g schwarzer Kümmel

2 g schwarzer Pfeffer

In der Gewürzmühle grob zerkleinern.

4 g Sumach

2 g scharfes Paprikapulver

Mit 2 EL Fleur de Sel verreiben. Alle Zutaten mit 200 g Fleur de Sel mischen.

Schwarze Pfeffermischung für die Mühle

5 g roter Szechuanpfeffer, Samenkapseln

5 g Pimentkörner

10 g getrocknete rosa Pfefferkörner

10 g getrocknete grüne Pfefferkörner

30 g schwarze Tellicherry-Pfefferkörner

15 g weisse Kampot-Pfefferkörner

Alle Pfefferkörner miteinander vermischen.

Bunte Pfeffermischung für die Mühle

10 g grüner Szechuanpfeffer, Samenkapseln

5 g roter Szechuanpfeffer, Samenkapseln

10 g Pimentkörner

10 g getrocknete rosa Pfefferkörner

10 g Paradieskörner (Maniguettepfeffer)

30 g schwarze Tellicherry-Pfefferkörner

20 g weisse Sarawak-Pfefferkörner

Alle Pfefferkörner miteinander vermischen.

Arabisches Alltagsgewürz

1 EL grüne Kardamomkörner

1 EL Zimtpulver

1 EL Nelkenpulver

1 EL Cayennepfeffer

Kardamom rösten, im Mörser fein zerdrücken und mit den restlichen Gewürzen mischen.

Birnenchutney

3 Birnen (Forelle), 360 g, geschält, gewürfelt

120 g Zucker (1/3 des Birnengewichts)

1 Orange, Saft

100 ml Sauternes

50 g Ingwer, geschält, fein gewürfelt

1 Sternanis

5 Pimentkörner

① Zucker karamellisieren, mit Orangensaft und Sauternes ablöschen. Gewürze zugeben und stark einkochen. Gewürze absieben, Birnenwürfel zugeben und etwa 10 Minuten auf niedriger Stufe ziehen lassen. Ein Drittel der Birnenwürfel herausnehmen, mit dem Stabmixer pürieren und wieder zusammen mischen.

Schalottenconfit

100 g Zucker

500 g Schalotten, geschält, in feine Streifen geschnitten

4 EL Orangenöl

100 ml Weissweinessig

300 ml fruchtiger Weisswein

Gewürzbeutel mit:
1 EL Korianderkörner, zerdrückt
½ EL schwarzer Pfeffer, zerdrückt
¼ Bio-Zitrone, fein geriebene Schale
1 EL Thymian, getrocknet

① Zucker leicht karamellisieren. Schalotten und Orangenöl zugeben und 5 Minuten mitdünsten. Mit Essig ablöschen und auf mittlerer Stufe einkochen bis alle Flüssigkeit reduziert ist. Weisswein und den Gewürzbeutel dazu geben und 30–40 Minuten weiter köcheln, bis der confit bindet.

Feigenchutney

6 Feigen, ca. 400 g

1 EL schwarze Senfkörner

1 EL gelbe Senfkörner

1 TL Paradieskörner (Maniguettepfeffer)

90 g Zucker

50 ml Weisswein

1 Lorbeerblatt

2 Macis (Muskatblüten)

1–2 Chilischoten getrocknet, leicht angedrückt

1 EL Kirschenessig, Gölles

1 EL Senfpulver, Colman's

① Feigen schälen und hacken. Beide Senfsorten und Pfeffer im Mörser zerstossen. Zucker karamellisieren, mit Weisswein ablöschen, Lorbeer, Macis und Chili zugeben und stark einkochen. Senf-Pfeffermischung unterrühren und weiter einkochen. Abschmecken mit Kirschenessig und dem Senfpulver. Nochmals aufkochen, absieben. Gehackte Feigen unterrühren, aufkochen, von der Wärmequelle ziehen, zugedeckt ziehen lassen.

Melonenchutney

1 Cavaillon-Melone, geschält, klein gewürfelt

1 EL Korianderkörner

½ TL grüne Kardamomkörner

1 Macis (Muskatblüte)

3 cm Cassia-Zimtstange

¼ TL Kreuzkümmel

180 g Zucker (¼ des Melonenfruchtfleischgewichts)

2 EL Ingwer, geschält, fein gewürfelt

250 ml weisser Portwein

① Koriander, Kardamom, Macis, Zimt und Kreuzkümmel in der trockenen Pfanne auf niedriger Stufe erhitzen bis die Gewürze gut riechen, dann in der Gewürzmühle grob zerkleinern. In einen Gewürzbeutel geben.
② Zucker hell karamellisieren, Ingwerwürfel zugeben, kurz glacieren und mit Portwein ablöschen. Melonenwürfel und Gewürzbeutel zugeben. Kurz kochen lassen, dann den Saft absieben und zu Sirup einkochen. Von der Wärmequelle ziehen, Melonenwürfel wieder zugeben und darin erkalten lassen.

Pasta

Hausgemachte Eierpasta wird in der Emilia-Romagna aus ganzen Eiern, Eigelb und feinstem Mehl hergestellt. Kein Öl, kein Wasser, kein Salz. Bezogen auf ganze Eier, besteht der Pastateig aus etwa 50% Eiern. Im Piemont liebt man einen höheren Eigelbanteil im Pastateig, 20 Eigelb pro kg Mehl sind keine Seltenheit. In solchen Teigen kann der Anteil an Eimasse bis 65% betragen. Für Pastateig sollten die Eier abgewogen werden. Als Faustregel gilt: Vollei: 50 g aufgeschlagene Eimasse, Eigelb: 20 g, Eiweiss: 30 g.
Je grösser der Anteil an Eigelb in der Eimasse, desto zäher wird der Teig, desto mehr Biss kriegt die daraus hergestellte Pasta. Solche Teige sind ideal für selbstgemachte Nudeln und Cannelloni. Für Ravioli muss der Teig elastischer sein, deshalb verwendet man dafür Teige, die auf etwa 4 Eigelb 1–2 ganze Eier enthalten. Durch die Zugabe von 1 EL Olivenöl pro ca. 200 g Mehl wird die Elastizität des Teiges weiter verbessert. Salz sollte man dem Teig nur beifügen, wenn die Pasta frisch verbraucht wird. Salz begünstigt die Verfärbung Eigelb-haltiger Pasta und macht sie nach dem Trocknen spröde.

Auch wenn man Pasta durchaus mit Weissmehl oder Mehl Type 430 herstellen kann, besser wird sie mit der feinen, italienischen 00-Mehlsorte. Oft wird auch ein Teil des Weissmehls durch Hartweizendunst ersetzt, auch das verändert den Biss der Pasta.

Wird ein Teig mit Blattgrün oder andern farbigen Pürees eingefärbt, muss entsprechend weniger Eimasse verwendet werden.

Pastateig für Nudeln & Cannelloni, weiss

300 g Mehl, Typ 00
180 g Eigelb
1 Prise Salz

Mehl, Salz und Eigelb in die Küchenmaschine geben und zu einem Teig kneten (das braucht etwa 10 Minuten Zeit). Sobald sich die Krümel zu einer kompakten Kugel zusammenballen, kann der Teig entnommen werden. In Folie wickeln und 1 Stunde ruhen lassen. Ein idealer Pastateig ist fest, elastisch, aber keinesfalls klebrig.
Wer keine Küchenmaschine besitzt, bildet mit dem Mehl einen Kranz und drückt in der Mitte eine Mulde ein. Eigelbe und Salz hineingeben. Vom Mehlrand her alles locker vermischen und von Hand zu einem Teig kneten.

Pastateig für Ravioli, weiss

300 g Mehl, Typ 00
1 Ei
5 Eigelb
1 EL Olivenöl
Zubereitung wie bei Pastateig für Nudeln und Cannelloni, weiss.

Blattgrün für Pasta

300 g Spinat

Spinat waschen und mit wenig Wasser im Mixer fein pürieren. Spinatbrei durch ein feines Sieb drücken. Den Spinatsaft auf etwa 85 °C erhitzen, nicht kochen. Mit einem Teesieb das aufschwimmende Blattgrün (Chlorophyll) abschöpfen. In einem Sieb abtropfen lassen.
Blattgrün mit Mehl und dem Eigelb bzw. Eiern zu einem Teig kneten.

Pastateig auswalzen

Teigportionen mit dem Nudelholz zu einem etwa 5 mm dicken Rechteck ausrollen. Den Walzenaufsatz auf den grössten Walzenabstand (meist «1») einstellen. Teig mehrmals langsam durch den Walzenaufsatz drehen, dabei den Teig nach jedem Durchgang auf Walzenbreite zusammenklappen. Ist der Teig zu feucht, den Teig zwischen dem Walzen mit etwas Mehl oder Hartweizendunst bestreuen. Den Vorgang so lange wiederholen, bis Teigstreifen mit glattem Rand entstehen. Walzenabstand stufenweise verringern, den Teig auf jeder Stufe ein- bis zweimal durchdrehen, bis die gewünschte Dicke der Pastabänder erreicht ist.

Brote/Brötchen

Brioches

Vorteig

20 g Frischhefe
50 ml lauwarme Milch
20 g Zucker
50 g Weissmehl

① Hefe in der Milch anrühren, mit Zucker und Mehl in einer Schüssel vermischen und mit Folie zudecken. An einem warmen Ort etwa 25 Minuten gehen lassen, bis sich das Volumen verdoppelt hat.

Hauptteig

Obiger Vorteig
250 g Weissmehl
½ Ei, ca. 25 g
2 Eigelb, ca. 40 g
50 ml Milch
10 g Salz
80 g weiche Butter
½ Ei, zum Bestreichen
weiche Butter, zum Einfetten der Förmchen

② Mehl in die Rührschüssel der Küchenmaschine sieben. In das Mehl eine Mulde eindrücken. Vorteig in die Mulde geben und 30 Minuten gehen lassen. Ei und Eigelb mit der Milch verrühren und mit der Butter unter den Teig kneten. Mit Folie zudecken und 30 Minuten gehen lassen.

③ Ofen auf 220 °C vorheizen. Muffin- oder kleine Gratinförmchen einfetten.

④ Salz zum Teig geben und gut durchkneten, 30–40 g schwere Teigstücke für die untere Hälfte der Brioches abwägen und zu Kugeln formen. 15–20 g schwere Teigstücke für den Kopf abwägen und leicht kegelförmig rollen. Die große Kugel in die Muffinform setzen, mit dem Finger ein Loch in die Mitte drücken und den Kopf mit der Kegelspitze nach unten in die grosse Kugel drücken. Nochmals 20 Minuten gehen lassen. Mit Ei bestreichen.

⑤ Brioches in den vorgeheizten Ofen schieben, 50 ml kaltes Wasser auf den Ofenboden giessen, die Türe sofort schliessen, damit der Dampf nicht entweichen kann und den Ofen auf 180 °C zurückstellen. Die Brioches etwa 15 Minuten backen.

Focaccia

1 kg Weissmehl
1 Hefewürfel, 42 g
25 g Salz
10 g Sekowa Backferment (aus dem Reformhaus)
6 g Malzextrakt
700–800 ml Wasser
2 Rosmarinzweige, Nadeln gehackt
wenig Olivenöl, zum Bestreichen

① Alle festen Zutaten (ohne Hefe) in die Rührschüssel der Küchenmaschine geben. Hefe mit Wasser anrühren, in die Rührschüssel geben und bei mittlerer Geschwindigkeit mit dem Knethaken 20 Minuten lang kneten. Den weichen Teig mindestens eine Stunde in der zugedeckten Schüssel gehen lassen.
② Teig nochmals kurz durchkneten. Den dickflüssigen Teig in ein mit Backpapier belegtes Backblech geben, mit nassen Händen gleichmässig auf das Backblech verteilen. Rosmarin darauf verteilen. Mit einem zweiten, umgedrehten Backblech bedecken und mindestens 10 Minuten ruhen lassen, mit Öl oder Öl-Wassergemisch beträufeln, mit den Fingern Dellen in den Teig drücken.
③ Ofen auf 210 °C Unterhitze/Umluft vorheizen. Etwa 25 Minuten backen.

Durch Ersatz eines Teils des Weissmehls durch Kichererbsenmehl oder feinem Maismehl lassen sich Variationen der Focaccia herstellen

Grissini

180 g Weissmehl
50 g Knöpflimehl oder Hartweizendunst
1 TL Salz
½ TL Zucker
100 g weiche Butter
10 g Frischhefe
ca. 150 ml Wasser
wenig Olivenöl, zum Bestreichen

① Beide Mehlsorten, Salz, Zucker und Butter in die Rührschüssel der Küchenmaschine geben und mit dem Knethaken kurz mischen. Hefe mit Wasser anrühren, zum Mehl geben und während 10 Minuten bei mittlerer Geschwindigkeit zu einem Teig kneten. Teig mit Olivenöl bestreichen und an einem warmen Ort in der Küche 1 Stunde gehen lassen. Den Teig anschliessend 1 Stunde kalt stellen.
② Backofen auf 180 °C Umluft aufheizen. Zwei Backbleche mit Backpapier auslegen. Den kalten (!) Teig auf einem bemehlten Brett in ein Rechteck von 15 cm Breite und 5 mm Dicke ausrollen. Mit einem Teigrad 5 mm breite Streifen schneiden. Diese auf Backblechbreite langziehen, etwas verdrehen und auf das vorbereitete Backblech legen. Im vorgeheizten Ofen während etwa 12–14 Minuten auf Sicht goldgelb backen.

Gut zu Wissen
Glossar oder Wühlkiste

A

Auberginen lassen sich in der Küche vielfältig verwenden. Ein paar Ideen: Als Melanzane di Parmigiana, ein Klassiker der italienischen Küche, für Baba ganoush, eine orientalische Auberginen-Paste, gebratene Auberginen-Medaillons mit Pecorino und Rucola als Vorspeise oder dünne frittierte Auberginenchips zum Aperitif.

B

Berlingots: Sind eigentlich zahnmörderische Bonbons aus Carpentras. Hergestellt werden sie aus Früchten und Zuckersirup. Der Erinnerung an süsse Jugenderlebnisse ist es wohl zuzuschreiben, dass die französische Spitzenköchin Anne-Sophie Pic Form und Namen der Zuckerbonbons für ihre Ravioli verwendet.

Brennnesseln schmecken harmonischer als Spinat: weil sie kaum Oxalsäure enthalten. Am besten sind die jungen, etwa 20 cm langen Triebe im Frühjahr. Bei grösseren Pflanzen nur die oberen zwei Blattpaare verwenden. Schmerzhafte Schwellungen durch die Stiche der Brennhaare kann man vermeiden, wenn man die Brennnesseln mit Handschuhen pflückt und die Blätter blanchiert. Rohe Blätter für Salate in einem Frottiertuch auswringen, danach hacken.

Brunoise: Ein feinwürflig (1–2 mm) geschnittenes Gemüse, das für Einlagen, Beimischungen und als Garnitur verwendet wird.

Buttenmost heisst im Schwarzbubenland und Elsass das frische Hagenbuttenmark. Vor 150 Jahren brachte eine junge Bäuerin das Rezept der Herstellung von Buttenmost nach Hochwald. War früher das halbe Dorf mit der Herstellung von Buttenmost beschäftigt, sind es heute noch ganze 2 Familien.

C

Capuns, die Kapaune des armen Mannes. In Schnittmangoldblätter eingerollter Spätzliteig, der mit klein geschnittenem Magerspeck, Bündnerfleisch, Landjäger, Salsiz o.ä. sowie mit Brot, Zwiebeln und Kräutern angereichert wird. Capuns werden in Milch, Brühe oder Rahm gegart und mit Käse bestreut und mit heisser, geschmolzener Butter übergossen. Damit hat es sich aber mit der Einigkeit. Jede Familie, jedes Dorf, jedes Tal schwört auf ihr eigenes, weltbestes Geheimrezept. Capuns gehören zu den bekanntesten und beliebtesten Gerichten Graubündens. Saison für die Mangoldblätter ist zwischen Frühjahr und Herbst. Ersatzweise kann man auch Blätter von Stielmangold nehmen.

Carciofi spinosi: Die stachlige Artischocke wächst auf Sardinien, in Ligurien und Umbrien. Geerntet wird diese Spezialität zwischen Ende November und Mai.

Chili schärfen: Wer mildere Sorten (Serano, Jalapeño) bevorzugt, muss nicht auf Schärfe verzichten. Kerne und weisse Scheidewände, fein gehackt und mitgekocht, verstärken die Schärfe der Chilis. Und wenn es dann doch zuviel wird, hilft fetter Quark, Kondensmilch oder Mascarpone.

Chimichurry: Die argentinische Grillsauce schlechthin, die meist zu einem typischen, argentinischen Asado serviert wird. Nach einer Legende soll sie vom irischen Abenteurer Jimmy McCurry während des argentinischen Unabhängigkeitskrieges erfunden worden sein. Aber es gibt noch 2 weitere, ebenso wahre Legenden.

E

Kleine Egli: Werden, vor allem in der Bodenseeregion, auch als Kretzer bezeichnet. Passen gut zu einem Kretzer, einem weiss oder rosé gekelterten Rotwein.

Eierschwämme von Hand zerteilen? Eierschwämme möglichst nicht zerschneiden, sondern von Hand zerpflücken, um die Struktur des Myzels nicht zu zerstören. Dann verlieren sie beim Dünsten weniger Saft.

Entfetten von Fond: Ochsenschwanzfond möglichst am Vortag kochen, abkühlen lassen und über Nacht in den Kühlschrank stellen. So kann der Fettdeckel problemlos entfernt werden und man erhält einen fettfreien Fond. Geringe Mengen an Fett lassen sich auch entfernen, indem man ein Küchenpapier über die heisse Oberfläche des Fonds zieht.

Epigramm: War früher ein Standardgericht in grossen Hotelküchen, heute ist es kaum mehr bekannt. In Frankreich wird eine Lammbrust vom Grill heute oft einfach als Epigramme d'agneau bezeichnet, obwohl man fachlich darunter ein Fleischgericht versteht, dessen Bestandteile auf zweierlei Art zubereitet wurden, etwa gekocht und gebraten. Der Begriff stammt aus der französischen Küche des 17. Jahrhunderts. Anlässlich einer Tischrunde bei einer jungen Marquise erzählten die eingeladenen Offiziere von einem ausgezeichneten Nachtessen und von köstlichen Epigrammen, die sie am Vortage an einer Einladung beim Grafen de Vaudreuil genossen hatten. Epigramme sind kurze, poetische Gedichte, die auf einen pikanten Schluss enden. Die junge Marquise verlangte anderntags von ihrem Koch, dass er ihr eine Platte Epigramme zubereite. In seiner Not kreierte dieser die Epigrammes d'agneau. Se non è vero...

Essenzen: In der Fachsprache versteht man darunter eine klare, hoch-aromatische, konzentrierte Brühe. Die Brühe wird mit Fleisch und Gemüse geklärt, was ihren Geschmack nochmals verstärkt.

F

Grössere Felchen aus den Innerschweizer Seen heissen Balchen bzw. Ballen. Im Spätsommer und Frühherbst tritt der Balchen oft in Schwärmen auf. Im Durchschnitt haben die Fische eine Länge von 40–45 cm. Die Mittelbalche kann bis zu 450 g wiegen. Eine kleinwüchsige Unterart der Felchen wird als Albeli be-

zeichnet. In Deutschland und Österreich kennt man diese Fischart unter anderen Bezeichnungen. Z.B. Reinanken, Renken, Coregonen. Der Fischfleischanteil bei Felchen und Balchen beträgt 66-70%. Der Felchen ist der wirtschaftlich bedeutendste Fisch der Schweiz.

Wie filetiert man Rundfische? Den ausgenommenen und geschuppten Fisch gründlich von aussen und innen waschen und trocken tupfen.
Den Fisch mit einem langen, scharfen Messer unterhalb des Kopfes bzw. der Kiemen bis zur Mittelgräte einschneiden. Den Fisch mit der Handfläche (frische, glitschige Fische mit einem Küchenpapier) auf dem Tisch festhalten und das Messer mit einer langen Ziehbewegung auf der Mittelgräte flach bis zum Schwanz entlang ziehen. Dabei aufpassen, dass die Messerklinge immer satt auf der Mittelgräte liegt und nicht frei ins Fleisch schneidet. Dabei das Filet von der Gräte lösen. Anschliessend den Fisch wenden, den Kopf ganz wegschneiden und das zweite Filet in gleicher Weise auslösen. Von den Filets die fetten Bauchlappen und verbliebene Gräten wegschneiden (damit einen Fischfond kochen).
Soll die Haut bereits jetzt entfernt werden, löst man diese am Schwanzende ein Stück weit vom Filet ab und legt das Filet, Hautseite unten, auf die Arbeitsfläche. Dann hält man (mit einem Küchenpapier) das abgelöste Hautstück fest und schneidet mit einem biegsamen Filetiermesser auf der Innenseite der Haut das Filet weg. Dabei wird das Messer flach gehalten und vom Körper weggeführt.

Fischfond: Dient zum Pochieren von Fi-

schen und zur Gewinnung von Fischfumet.
Fischfumet: Ist das ideale Ausgangsprodukt zur Herstellung von Weissweinsaucen zu Fischen, Fischsuppen oder klarer Fischessenz.

Warum Fleisch ruhen lassen? Das Fleisch wird in Alufolie eingewickelt auf ein Gitter gelegt und zum Abstehen an einen warmen Ort gestellt. Wenn das Fleisch aus dem Ofen oder der Pfanne kommt, ist die Temperatur im Aussenbereich deutlich höher als im Kern. Während der Ruhephase entspannt sich das Fleisch, die Wärme kann sich bis in den Kern verteilen. Das Fleisch gart dabei weiter nach, der Saft verteilt sich wieder und läuft beim Aufschneiden weniger aus. Kleine Stücke 5–10 Minuten, einen Braten 15–20 Minuten vor dem Aufschneiden ruhen lassen.

G

Geflügelfond: Verwendung als Basis von Suppen, Saucen und Essenzen. Zum Pochieren von Geflügel.

Gelespessa, Zaubermittel aus der Molekularküche: Wird zum Andicken von Saucen und Sorbets (etwa 1 g /100 ml) verwendet. Der Stoff enthält Maltrodextrin und Xanthangummi. Von der Verwendung von reinem Xanthangummi ist abzuraten, da die Körner im Wasser leicht verklumpen und sich nicht mehr auflösen.

Gitzi, Zicklein, Capretto: Aus der Tessiner Küche ist es nicht wegzudenken. Vor hundert Jahren noch galt in der Schweiz die Hausziege als «Kuh des armen Mannes». Reiche Leute assen dagegen Poulet. Heute ist es umgekehrt. Gitzi- und Ziegenfleisch aus einheimischer Produktion sind gesuchte Delikatessen. Das Fleisch ist sehr gesund. Beim Garen muss man aufpassen, damit das Fleisch im Ofen nicht trocken und zäh wird. Gitzifleisch eignet sich vor allem zum Braten und Schmoren im Ofen mit neuen Kartoffeln und erntefrischem Knoblauch, zudem für Sülzchen, Epigramm, Ragout und für Appenzeller Gitzichüechli. Das Lebendgewicht des Gitzis sollte etwa 12 kg betragen, sonst nagt man nur an Knochen.

Granatapfel öffnen: Die Kappe des Granatapfels abschneiden, bis man die Kerne sieht. Von oben nach unten etwa 6 Schnitte in die Schale des Granatapfels schneiden. Gerade so tief einschneiden, bis man die Kerne spürt. Dann die Spalten vorsichtig auseinanderziehen und das weisse Mittelstück des Granatapfels entfernen. Nun können die Spalten herausgebrochen und die Kerne entnommen werden. Granatapfelkerne eignen sich hervorragend als bunte Beilage zu Wintersalaten, als Sorbet, frischgepresst als Vitalsaft.

H

Hecht ist ein verbreiteter Raubfisch, der 50 bis 100 cm lang werden kann. Er lebt in Seen oder langsam fliessenden Gewässern. Wegen der vielen Gräten ist er nicht sehr beliebt. Auf dem Markt wird er deshalb meist filetiert und entgrätet angeboten. Hechtfleisch ist fest und lässt sich in Würfeln wie ein Stroganoff braten. Einen jungen Hecht kann man ganz braten und mit neuen Kartoffeln servieren. Hechtklösschen sind ein Klassiker.

I

Innereien und Schlachtnebenprodukte: Kamen in früheren Jahrzehnten noch öfters

auf den Tisch. Heute leisten sich Frau und Herr Schweizer lieber teures Muskelfleisch. Auch wenn dieses aus Argentinien herangeschafft werden muss. Wir leben ja sonst mit unserer Umwelt im Einklang und unser Herz schlägt grün. Dass die verschmähten Innereien durch die Metzger und spezialisierte Betriebe industriell verwertet oder entsorgt werden müssen, wird verdrängt. So kommt es, dass Innereien, vielleicht mit Ausnahme von Leber, in der Theke einer Stadtmetzgerei kaum noch zu finden sind.

K

Angst vor zahmen Hauskaninchen? Kaninchenfleisch ist eine der gesündesten Fleischsorten. Zart, hell, wohlschmeckend. Aus Kaninchenfleisch lassen sich gute Sülzchen herstellen. Die Schulter und Bauchlappen eignen sich um Ravioli oder Cannelloni zu füllen. Kaninchenfleisch lässt sich sehr gut mit Trüffeln kombinieren. Das Fleisch von Hauskaninchen unterscheidet sich von dem ihrer wildlebenden Vettern durch Zartheit, milden Geschmack (eher mit einem Huhn als mit einem Hasen zu vergleichen), sowie durch seinen geringen Fettgehalt.

Was uns zu Kaninchenleber einfällt: Feingeschnittene Leber mit Bundzwiebelchen und Bohnenkraut sautieren und über den Marktsalat streuen. Gehackte Leber mit Salbei und Paradieskörnern einem Spätzliteig 1:1 zufügen, mit Apfelschnitzen und Zwiebelschwitze servieren.

Knackerbsen, (pois croquants), eine zarte und süsse Gemüsezüchtung, die noch viel zu wenig bekannt ist. Man kann sie mit der Schote (sogar roh) essen. Sie sind aromatischer und knackiger als Kefen. Anders als bei Gartenerbsen beschränkt

sich die Rüstarbeit auf das Abschneiden des Stielansatzes.

L

Lardo di Colonnata: Ist ein besonders gereifter, fetter Speck aus Italien. Der bekannteste kommt aus der kleinen Ortschaft Colonnata, Nähe Carrara. Grosse, eckige Speckstücke werden mit Salz eingerieben, gewürzt und in grosse Marmortröge eingeschichtet, wo sie 3-6 Monate reifen. Zanetti in Poschiavo stellt einen guten, einheimischen Kräuter-Lardo her.

Lavendelblüten: Eignen sich auch zum Parfümieren von Aprikosen-Nespolekompott, Schoggimousse, zum Würzen von Lamm Tajine oder zum Anbraten von Steinpilzen.

Legehennen: Wurden früher erst geschlachtet, wenn sie keine Eier mehr legten und das Fleisch entsprechend zäh war. Heute werden die Hennen bereits nach einem Jahr ersetzt, weil die Legeleistung abnimmt und sich die weitere Haltung wirtschaftlich nicht mehr rechnet. Ein Suppenhuhn vom Markt aus vertrauenswürdiger Quelle hat hoffentlich ein erfülltes Leben hinter sich und ist von bester Qualität. Nicht zu vergleichen mit Billigimporten aus Brasilien.

M

Maibock, weil frisches Gras besser schmeckt als Laub. Der Maibock ist ein im Mai erlegter, zweijähriger Rehbock. Später, bis August erlegte Böcke werden auch als Sommerbock bezeichnet. Überbestände an Rehböcken werden rechtzeitig reguliert, damit während der struben Revierkämpfe in der Brunstzeit im Herbst möglichst wenig Waldschäden auftreten. Das Fleisch der Jungböcke ist zart und gesucht.

Maiskolben sind ideal zum Grillen: Gegen Ende der Grillzeit mit Chilisirup bestreichen und fertiggrillen. Weitere Ideen: Eine Cremesuppe zubereiten. Dazu die Körner vor dem Garen vom Kolben schneiden. Gegarte Suppen mixen und durch ein Sieb drücken, mit einer leichten Mokkanote aromatisieren. Oder die vor dem Garen vom Kolben geschnittenen Körner mit Apfelwürfelchen, rosa Pfeffer und frischen Preiselbeeren sautieren. Servieren mit Marktsalat.

Matignon: Ein Adelsgeschlecht aus der Bretagne, ist aber auch der Begriff für kleinblättrig geschnittenes Gemüse, das aufgrund der Schnittart seine Aromen rasch freisetzt. Es ist ideal für Fonds und Saucengerichte, die nicht zu lange gegart werden. Je nach Verwendung wird die bunte Matignon für dunkle Fonds, weisse Matignon (Sellerie, Zwiebeln, weisser Lauch) für helle Fonds und Matignon mit Fenchel und Champignons für Fischfonds verwendet.

Mirepoix: Grob gewürfeltes Gemüse (10–15 mm), das leicht angeröstet wird. Verwendet wird er (oder sie) für die Herstellung von dunklen Fonds und zum Schmoren grosser Fleischstücke. Klassische Zutaten sind Zwiebel, Karotte und Knollensellerie, aber auch andere Wurzelgemüse und Knoblauch. Der Name Mirepoix geht auf den Grafen von Lévis-Mirepoix zurück, ein französischer Marschall aus dem 18. Jahrhundert. Der Name seines Kochs ist nicht bekannt.

Mönchsbart, (it.: Agretti, Barba di Frate): Noch vor zehn Jahren war das Gemüse bei uns kaum erhältlich. Jetzt ist der Mönchsbart ab Ende Januar im Angebot. Die salztolerante Pflanze wächst in den Küstenregionen und wurde früher zur Sodagewinnung geerntet. Ihr Geschmack erinnert an Spinat, nur eleganter, mineralisch, mit einer Spur Meer. Der Mönchsbart sieht wie dickfleischiger Schnittlauch aus und hat einen rötlichen Wurzelansatz. Nicht zu verwechseln mit Kapuzinerbart (it: Barbarella). Der hat flache, grobgezähnte Blätter und gedeiht erst später im Jahr. Mönchsbart harmoniert gut mit Meeresfrüchten. Kurz blanchiert, gehackt und in Kombination mit Eiern und Bundzwiebeln gibt er eine köstliche Frittata. Ein Salat mit Zedrat-Zitronen, Tarocco-Orangen und Trevisano vereint salzig, süss, bitter und sauer.

Mohn wird ranzig? Zerstossener Mohn wird schnell ranzig und muss deshalb immer frisch zubereitet werden. Am besten in einer Gewürzmühle oder in einem Mörser. Auch ganze Mohnsamen werden mit der Zeit ranzig. Dem kann vorgebeugt werden, indem man die Samen in einer gut schliessenden Vorratsdose im Tiefkühler aufbewahrt. Der Mohn kann portionsweise gefroren entnommen werden.

Muschelzeit, alter Zopf oder berechtigt? Warum isst man Muscheln vorzugsweise nur in Monaten mit einem «R»? Traditionelle Gründe (fehlende Kühlmöglichkeit und das Auftreten von Biotoxinen aus Algen) sind zwar heute unter Kontrolle. Jedoch laichen die Muscheln im Sommer ab, sind magerer und schmecken weniger gut.

N

Nespole: Sind die Früchte der japanischen Wollmispel. Seit Ende des 18. Jahrhunderts wird der Baum im mediterranen Raum angebaut. Die Frucht reift im Frühjahr und schmeckt süss-säuerlich. Reif geerntete Nespole am besten unverarbeitet geniessen oder Früchte mit Vanille und Süsswein marinieren. Den so gewonnenen Fruchtsaft zu Sirup kochen und mit den Früchten mischen. Für ein Chutney mit Korianderkörnern und grünem Szechuanpfeffer verarbeiten. Nespole eignen sich auch gut zur Herstellung von Konfitüren und Gelees.

O

Ochsenschwanz: Ergibt auch ein gutes Schmorgericht, dazu den Schwanz zwischen den Knorpeln in Stücke schneiden und in kräftigem Rotwein schmoren. Oder gekochten Ochsenschwanz von Knochen und Knorpeln befreien, pressen, panieren und in geklärter Butter braten.

P

Parüren: Sind Abfälle und Abschnitte, die vor der Zubereitung von Fleisch, Geflügelteilen und Fisch entstehen. Sehnen, Fett und Häute werden weggeschnitten (pariert). Sie können zur Herstellung von Saucen verwendet werden.

Pastinaken: Einst ein Grundnahrungsmittel, das im 17. Jahrhundert zunehmend von der Kartoffel verdrängt wurde. Die vielseitig verwendbare Wurzel hat erst seit ein paar Jahren ihren Platz in der modernen Gemüseküche wiedergefunden. Zum Beispiel als Reibeküchlein, als Püree zu Saucengerichten, mit Äpfeln und Rosmarin im Ofen geschmort.

Prosciutto di Parma; Salz spart Herstellungskosten. Es lohnt sich, den Rohschinken von guten, kleineren Produzenten (Manufakturen) zu kaufen. Günstiger, vorgeschnittener Rohschinken ist oft sehr salzig, da er für eine kurze Produktionszeit (mit der Spritze) gesalzen wird. Wirklich gute Rohschinken werden mit Meersalz eingerieben und über Monate getrocknet, z.B. Antica Ardenga. Aber auch der Uelihof, ein Biobetrieb in Kastanienbaum/Luzern, stellt einen Meersalz-Rohschinken von vorzüglicher Qualität her.

Wozu Pilze blanchieren? Pilze, die man nicht selber sammelt, sind oft einige Tage alt, besonders wenn sie aus fernen Ländern stammen. Ein kurzes Blanchieren ist geeignet für feste Pilze wie Steinpilze, Eierschwämme. Es hilft, sie zu regenerieren und erleichtert bei Lamellenpilzen das Putzen. Gut abtropfen lassen vor dem Anbraten.

Piment d'Espelette, milder als Cayenne, aber schärfer als ungarischer Paprika: Chilisorte aus dem gleichnamigen Dorf im französischen Baskenland. Schmeckt sehr aromatisch und hat eine fruchtig-süsse, leicht rauchige Note.

Pojarski (Kotlety Pozharskie): Darunter wird Hackfleisch in Kotelettform verstanden, über dessen Entstehungsgeschichte verschiedene Legenden kursieren. Der Erfinder, ein russischer Gastwirt, soll diese einst einer Person aus dem Hochadel zubereitet haben. Nach den Einen handelte es sich dabei um Zar Nikolaus I, andere sprechen von Zar Alexander I., wieder andere vom Grossfürsten Pozharsky. Der Zar verlangte bei seiner Entourage nach Kalbskoteletts, die gab es im Ort nicht, so zauberte der verzweifelte Wirt auf Rat seiner Frau aus Hühnerfleisch etwas Kotelettähnliches herbei. Das schmeckte dem Zaren offensichtlich,

die Koteletts wurden in die Küche des Zaren aufgenommen und gelangten so nach Frankreich.

Pulpo weichklopfen? Nur bei frischem, nicht tiefgefrorenem Pulpo. Und wenn, dann sanft, ohne die Saugnäpfe zu zerquetschen.

Q

Quittensorten, die bei uns angebaut werden, können nicht roh gegessen werden. Die rundliche Apfelquitte hat ein mit zahlreichen Steinzellen durchsetztes, hartes und trockenes, aber aromatisches Fruchtfleisch. Die längliche Birnenquitte ist weicher und milder im Geschmack. Ausser Gelee schmeckt auch ein Quittenkompott mit Vanille. Quittenwürfel passen zu Lammragout oder in Püreeform als frische Note und zum Binden von Wildpfeffer.

R

Randen dreimal anders zubereitet: Rohe Randen dünn aufschneiden und mit Nussöl und weissem Balsamico von Gölles marinieren oder als Carpaccio mit gehobeltem altem Pecorino und frischen Trauben servieren oder Randen als Süppchen mit Apfelanteil servieren.

Respekt im Umgang mit dem Tier: Artgerechte und tierfreundliche Haltung ist uns wichtig, aber auch die respektvolle Verarbeitung in der Küche. In diesem Sinne versucht Lucas immer, alle Teile eines eingekauften Tieres zu verarbeiten.

Rhabarber: Warum denn immer nur Kompott? Rhabarber schmeckt auch gut als Gratin mit Erdbeeren und Biskuit, mit Ingwer oder Holunderblüten als Sirup und in einem Risotto mit Chili und Erbsen zu Fisch

und Meeresfrüchten.

Röteli: Der Bauch der Seesaibling-Männchen ist ab September zur Attraktivitätssteigerung rötlich verfärbt. Damit es wieder neue Röteli gibt. Röteli werden hauptsächlich zwischen Oktober und Dezember gefangen.

S

Salicorne, Queller: Einjährige, vor allem an den Küsten der Bretagne und der Normandie wachsende, salztolerante Wildpflanze mit pfeffrig-salzigem Geschmack. Der Salzgehalt in ihren Zellen ist höher als jener des Meerwassers.

Salz: Wann Meersalz, wann Fleur de Sel? Obwohl alle Salze mehrheitlich aus Natriumchlorid bestehen, ist Salz nicht gleich Salz. Gutes Fleur de Sel (es gibt Salzsorten, die ihr Geld nicht wert sind) sollte nur dort eingesetzt werden, wo es einen schmeckbaren Effekt gibt. Keinesfalls zum Kochen von Suppe und Pasta, sondern zum massvollen Bestreuen von Fleisch, Fisch und Gemüse verwenden. So zergehen die Kristalle auf der Zunge.

Sautieren? Bedeutet Kurzbraten von zarten, klein geschnittenen Fleischstücken, Fisch, Gemüse oder Pilzen in wenig heisser Bratbutter oder Öl. Sautiert wird in einer offenen Pfanne mit hohem Rand (Sauteuse).

Seesaibling von Rot bis Blau: Seesaiblinge variieren in Form und Färbung von Gewässer zu Gewässer. Je nach Sprachregion der Schweiz werden die Seesaiblinge unterschiedlich benannt. Artenmässig kann es sich um unterschiedliche Formen handeln. Im Genfer- und Neuenburgersee heisst er «Omble chevalier». Im Lago Maggiore und Lago di Lugano: «Salmerino». Im Zugersee: «Zugerröteli».

Warum den Saibling nicht einmal als ganzen Fisch blau kochen? 1 l Wasser, 100 ml Weisswein, 50 m Weissweinessig, 6 zerdrückte Sarawak-Pfefferkörner, 1 Lorbeerblatt. ½ EL Meersalz. Saibling in den kochenden Sud geben und auf niedriger Stufe zugedeckt 5–10 Minuten garen.

Oder die Filets mit einem Mix von Zucker, Salz, zerdrückten Anissamen und Zitronenschale einreiben und im Kühlschrank 4 Stunden marinieren. Mit Kresse als Carpaccio servieren.

Klassische Saucen für grosse, gebratene Fleischstücke (grand pièces): Sauce Béarnaise, Sauce Café de Paris, Sauce Marchand de Vin, Kräuter- und Gewürzbutter oder eine Guacamole.

Seeforellen: Wachsen sehr schnell und können nach 3 bis 4 Jahren bis zu 3 kg schwer sein.

Sorbets frisch geniessen, im Tiefkühler werden sie hart: Sorbets schmecken, in einer Eismaschine zubereitet und frisch genossen, am besten. Wenn man das Sorbet tiefgefrieren will, kann man, je nach Frucht 20-40% des Zuckers durch Invertzucker ersetzen und/oder ca. 1% Gelespessa zugeben.

Sous-vide, Vakuumgaren, die moderne, genaue Garmethode: Das Lebensmittel wird in einem Plastikbeutel vakuumiert und bei einer konstanten Wassertemperatur zwischen 50 °C (Fisch) bis 85 °C (Gemüse) gegart. Das Vakuumieren verhindert ein Oxidieren des Garguts und schont die Aromen. Weder kommt es zu einem Flüssigkeitsverlust noch können

flüchtige Geschmacks- und Aromastoffe entweichen. Gewürze und Kräuter kommen intensiver zur Geltung. Da sich beim Vakuumgaren von Fleisch keine Kruste bilden kann, wird es vor oder nach dem Vakuumgaren scharf angebraten.

Kein Sous-vide-Gerät vorhanden? Macht nichts! Ein möglichst grosser Topf, noch besser, zwei ineinander gestellte, mit Wasser gefüllte Töpfe, halten die Temperatur lange stabil. Ein Thermometer zur Kontrolle der Temperatur braucht es jedoch.

Kein Vakuumierer? Macht nichts! Ein ziploc ™-Beutel geht auch. Füllgut einfüllen und bis knapp unter den oberen Rand in einen Topf mit kaltem Wasser tauchen. Der Wasserdruck drückt die Luft hinaus und der Verschluss kann geschlossen werden.

Stachys (Knollenziest, Chinesische Artischocke oder Japanische Kartoffel), wird in der Schweiz kaum angebaut. Der Ernteaufwand ist hoch, die verzweigten, unterirdischen Wurzelausläufer müssen von Hand ausgegraben werden. Die regelmässigen Einschnürungen verleihen dem Stachys das Aussehen von Engerlingen. Sie erinnern im Geschmack an Kartoffeln, sind aber auch für Diabetiker geeignet. Stachys werden von Oktober bis März im Handel angeboten. Sie sollten kühl gelagert werden.

Steinpilze prüfen? Das Fleisch der Pilze muss von fester, heller Qualität sein. Alte oder verwurmte Pilze erkennt man durch leichtes Drücken am Fuss oder an der Beschaffenheit des Schwammes auf der Unterseite des Hutes. Der Schwamm darf nicht zu dunkel oder gar schmierig sein. Im Herbst, wenn die Nächte kälter werden,

sind die Steinpilze weniger verwurmt.

Schwammig-poröses Gewebe der Steinpilze entfernen? Ausgewachsene Steinpilze haben auf der Unterseite des Hutes ein schwammiges, gelbes bis grünliches Gewebe (Röhren). Es sollte zum Braten entfernt und für den Fond verwendet werden, weil es das Pilzgericht schleimig macht.

T

Taggiasca-Oliven, klein aber fein: Die kleinen Oliven mit dem weichen Biss kommen aus der ligurischen Stadt Taggia. Sie haben ein feines Aroma und sind weder bitter noch aufdringlich. An der französischen Riviera heisst die Sorte Niçoise.

Zuviel Aufwand für eine Pulpoterrine? Pulpo weichkochen, trocken auf dem Grill anrösten, klein schneiden und lauwarm mit Oliven, frischen Tomaten und kräftigem Olivenöl servieren. Noch eine Idee: Pulpo 20 Minuten kochen, klein schneiden, durch die grobe Scheibe des Fleischwolfs drehen und zur Bolognese weiter verarbeiten.

Wo gibts denn in der Schweiz Topfen? Topfen findet man hierzulande selten. z.B. bei Barmettler in Stans oder Beeler auf Wochenmärkten. Selber herstellen kann man Topfen, indem man normalen Quark in einem feinen Sieb oder in einem Tuch 1–2 Tage im Kühlschrank abtropfen lässt.

Trüschen: Sind die einzigen Süsswasservertreter der Familie der Dorsche. Nach einer Legende haben die Dorsche nach der Schöpfung der Welt untereinander Streit bekommen. Die einen haben sich ins Meer verzogen, die andern sind in den Flüssen geblieben. Die Trüsche ist ein sehr gut schmeckender, grätenarmer Fisch, den man früher sogar als Ersatz für die Seezungen verwendet hat. Er wird nur in der kalten Jahreszeit gefangen und kommt deshalb nur selten in den Handel. Trüschen können in Butter mit Salbei gebraten werden.

V

V-Schnitt: Die feinen Seitengräten der Egli lassen sich nicht mit der Pinzette entfernen. Man ertastet mit dem Zeigefinger die Gräten-Linie in der Mitte des Filets und schneidet mit einem scharfen Messer links und rechts davon V-förmig bis auf die Fischhaut (Haut nicht durchschneiden). Dann packt man den ausgeschnittenen Streifen und zieht ihn nach hinten weg. Da wo der Streifen reisst, sind keine spürbaren Gräten mehr vorhanden.

W

Waldspargel und das grosse Durcheinander: Waldspargel ist ein Hyazinthengewächs. Er wird im Handel oft und fälschlicherweise als Wildspargel verkauft. Wildspargel ist jedoch botanisch die aromatische Urform des grünen Spargels. Und weil der Wildspargel auch im Wald wächst, und der Waldspargel sowieso nicht als Wildform geerntet wird, ist das Durcheinander auf Speisekarten vorprogrammiert. Waldspargel schmecken auch roh ausgezeichnet, zum Beispiel mit einer Vanille-Vinaigrette. Oder klein geschnitten als Einlage in einer Frittata.

Wild auf Wild: Die Wildsaison geht mit der Jagdsaison einher. Was die Jäger nicht selber essen, geht an Freunde, Metzger und lokale Restaurants. Dennoch reicht das einheimische Angebot längst nicht, um die auf 3–4 Monate konzentrierte Nachfrage zu decken. Der grösste Teil des Rotwildes kommt aus Wildfarmen in Neuseeland, aus «Europa» oder sonst woher. Da es sich um tiefgefrorenes Fleisch aus Farmen handelt, schmeckt das Fleisch nur wenig nach Wild. Aller Reklame «Wild auf Wild» zum Trotz. Um sich ein gutes Stück Rotwild zu «erjagen», braucht es einen seriösen Metzger, gute Beziehungen und Geduld. Das Fleisch von 50 bis 90 kg schweren Tieren ist am beliebtesten. Das Fleisch von männlichen Tieren, die während der Brunst erlegt werden, kann geschmacklich beeinträchtigt sein. Auf dem Luzerner Markt haben wir mit Gustav Tekly einen erfahrenen Jäger und auf Wild spezialisierten Metzger. Wo gibt es das sonst noch?

Würste selbermachen: Für die Herstellung zu Hause bieten sich vor allem Rohwürste an, aus allen Schlachtfleischsorten mit Speck und Gewürzen. Aber auch ausgefallenere Varianten, wie Kaninchenwürstchen mit Wintertrüffel, Gänseklein-Salsiccia oder Zander-Cipollata mit Flusskrebsen bereichern die häusliche Tafel. Die Zubereitung von Würsten ist keine Zauberei. Um sie haltbarer zu machen, können die Würste kurz abgebrüht, abgekühlt und dann vakuumiert im Kühlschrank gelagert werden.

Z

Zanderfilets: Lassen sich braten, pochieren, grillen. Warum nicht einmal einen ganzen Fisch im Ofen auf feingeschnittenen Zucchetti, Auberginen und Tomaten schmoren?

Zedratzitronen: Können mehr als 2 kg schwer werden. Unter der gelben, warzigen Haut liegt eine dicke, weisse, schwammige Schicht, das Mesokarp. Das Fruchtinnere ist in wenige Segmente unterteilt, die je nach Sorte unterschiedlich sauer schmecken. Die Frucht dient zur Herstellung von Zitronat, kann aber auch roh gegessen werden. Reste von Zedratzitronen? Gewaschen im Dampfkochtopf 30 Minuten garen, klein schneiden und 1:1 mit Zucker auskochen, als Gewürzpaste verwenden. Oder sehr dünn aufschneiden und mit Kaninchen- oder Kalbfleisch mit Bandnudeln servieren.

Die Ziege (schweizerisch: Geiss) zählt zu den ältesten Haustieren: Sie frisst nur, was ihr schmeckt, was sich auf den Geschmack des Fleisches positiv auswirkt. Gitzi- und Ziegenfleisch enthält wenig Fett, ist cholesterinarm und sehr bekömmlich. Gitzifleisch ist vor Ostern bis Pfingsten und im Herbst erhältlich.

Der zarte Geschmack von Zucchiniblüten kommt am besten in schlichten Rezepten zur Geltung. Blüten durchs Ei oder einen leichten Tempurateig ziehen und in Olivenöl backen. Beliebt sind sie auch gefüllt, z.B. mit einer Fischfarce, mit Ricotta oder Ziegenfrischkäse, angereichert mit Gartenkräutern, Dörrtomaten, Oliven.

Register